# わくわくポスター

英語 ④4年 ☆ 身の回りのも

- ❶ **clock** 置き時計、かけ時計
- ❷ **calendar** カレンダー
- ❸ **card** カード、トランプ
- ❹ **ruler** 定規（じょうぎ）
- ❺ **stapler** ホッチキス
- ❻ **book** 本
- ❼ **eraser** 消しゴム
- ❽ **notebook** ノート
- ❾ **pencil** えんぴつ
- ❿ **pen** ペン
- ⓫ **scissors** はさみ
- ⓬ **glue** のり
- ⓭ **desk** つくえ
- ⓮ **chair** いす
- ⓯ **box** 箱

月 **Monday** 月曜日

水 **Wednesday** 水曜日

火 **Tuesday** 火曜日

木 **Thursday** 木曜日

**week** 週

月 火 水 木 金 土 日

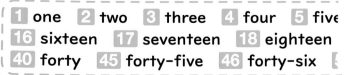

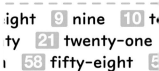

1 one 2 two 3 three 4 four 5 five   ...ight 9 nine 10 t...
16 sixteen 17 seventeen 18 eighteen   ...ty 21 twenty-one
40 forty 45 forty-five 46 forty-six   ... 58 fifty-eight

JN092903

♪p01

♪p02

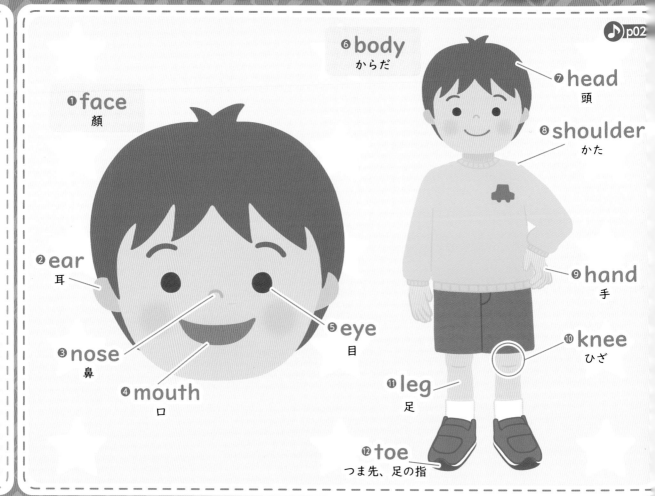

⑥ body
からだ

① face
顔

⑦ head
頭

⑧ shoulder
かた

② ear
耳

⑨ hand
手

③ nose
鼻

⑤ eye
目

⑩ knee
ひざ

④ mouth
口

⑪ leg
足

⑫ toe
つま先、足の指

♪p03

金

Friday
金曜日

日

Sunday
日曜日

土

Saturday
土曜日

day
日、1日

en　**11** eleven　**12** twelve　**13** thirteen　**14** fourteen　**15** fifteen

**22** twenty-two　**30** thirty　**33** thirty-three　**34** thirty-four

**9** fifty-nine　**60** sixty

♪p04

Number

# わくわく英語カード

教科書ワーク **4年**

スピーキングアプリ対応

## 使い方

① 切りはなして、リングなどでとじます。
② 音声に続けて言いましょう。音声はこちらから聞くことができます。

音声

---

**1** 晴れている

**2** 雨がふっている

**3** くもった

**4** 雪がふっている

**5** 暑い

**6** 寒い

**7** 天気

**8** シャツ

**9** Tシャツ

**10** セーター

**11** ズボン

**12** スカート

**13** くつ

**14** ブーツ

**15** ぼうし

**16** ぼうし

**17** 色

**18** だいだい

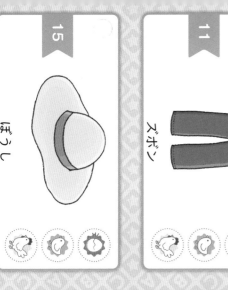
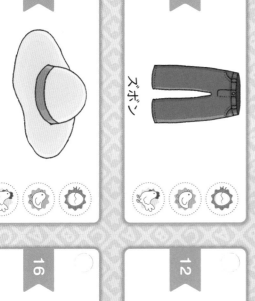
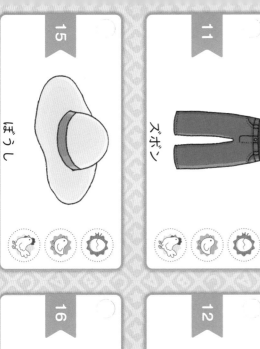
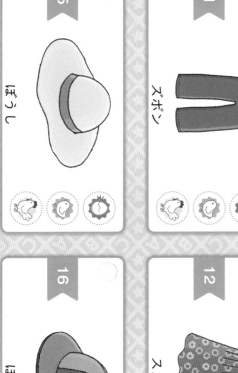
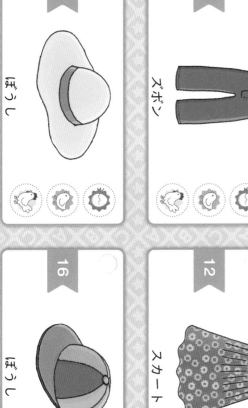
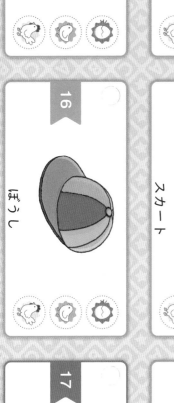

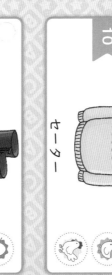

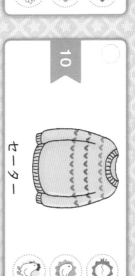

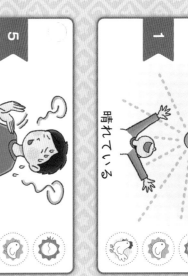

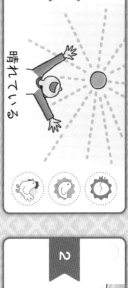

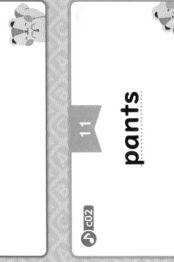

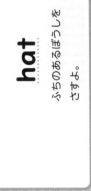

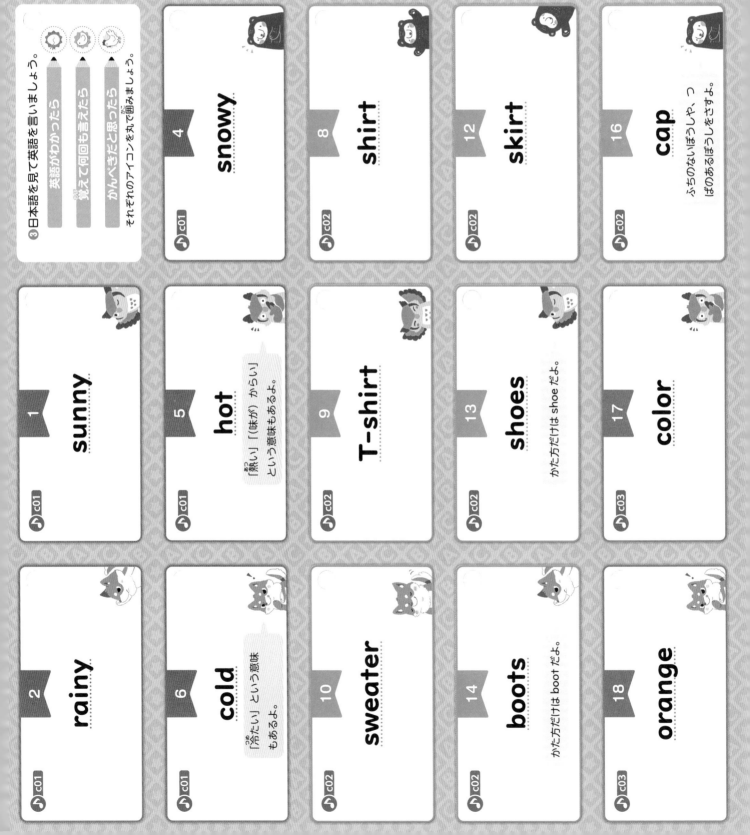

❸ 日本語を見て英語を言いましょう。

⚙ 英語がわからったら → 英語を言いましょう

🐻 覚えて何回も言えたら

🐰 かんぺきだと思ったら → かんぺきのアイコンを丸で囲みましょう

それぞれのアイコンを丸で囲みましょう。

---

**1** 🎵c01
sunny

**2** 🎵c01
rainy

**3** 🎵c01
cloudy

**4** 🎵c01
snowy

**5** 🎵c01
hot
「（味が）からい」という意味もあるよ。

**6** 🎵c01
cold
「冷たい」という意味もあるよ。

**7** 🎵c01
weather

**8** 🎵c02
shirt

**9** 🎵c02
T-shirt

**10** 🎵c02
sweater

**11** 🎵c02
pants

**12** 🎵c02
skirt

**13** 🎵c02
shoes
かた方だけは shoe だよ。

**14** 🎵c02
boots
かた方だけは boot だよ。

**15** 🎵c02
hat
ふちのあるぼうしをさすよ。

**16** 🎵c02
cap
ふちのないぼうしや、つばのあるぼうしをさすよ。

**17** 🎵c03
color

**18** 🎵c03
orange

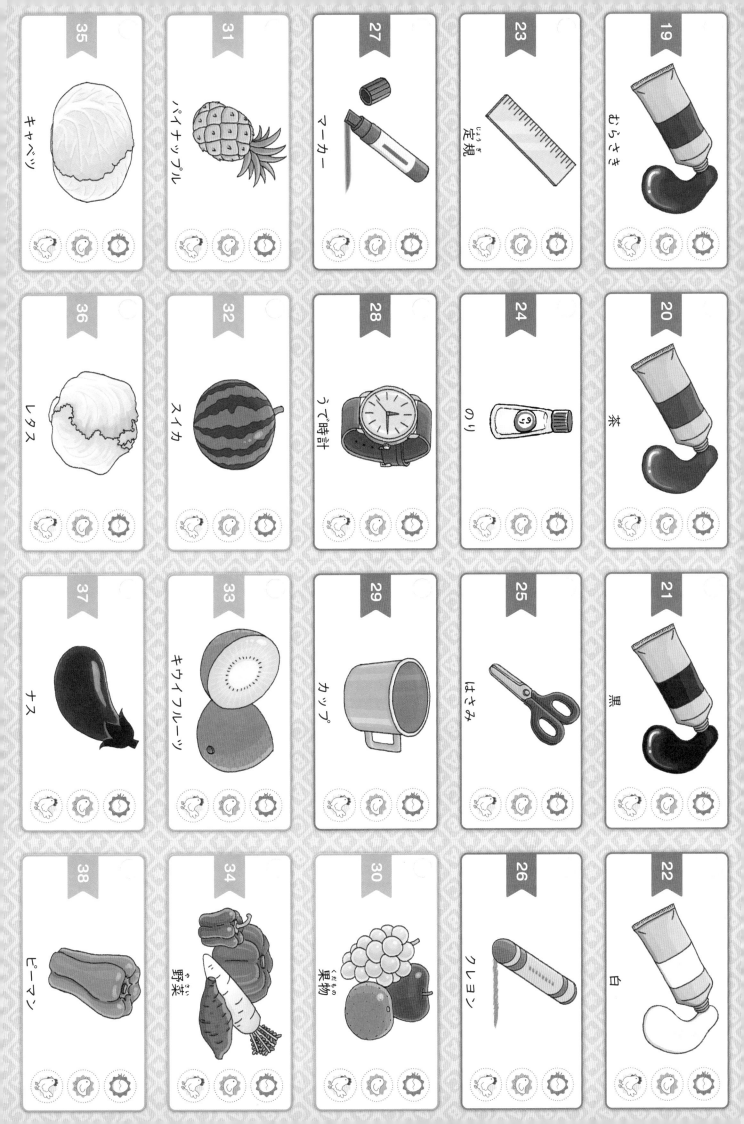

19 むらさき

20 茶

21 黒

22 白

23 定規 じょうぎ

24 のり

25 はさみ

26 クレヨン

27 マーカー

28 うで時計

29 カップ

30 果物 くだもの

31 パイナップル

32 スイカ

33 キウイフルーツ

34 野菜 やさい

35 キャベツ

36 レタス

37 ナス

38 ピーマン

c03 19 **purple**

c03 20 **brown**

c03 21 **black**

c03 22 **white**

c03 23 **ruler**

c03 24 **glue**

c03 25 **scissors**

c03 26 **crayon**

c03 27 **marker**

c03 28 **watch**

watch は「見る」という意味もあるよ。

c03 29 **cup**

ガラスのコップは glass と言うよ。

c04 30 **fruit**

c04 31 **pineapple**

c04 32 **watermelon**

c04 33 **kiwi fruit**

c04 34 **vegetable**

c04 35 **cabbage**

c04 36 **lettuce**

c04 37 **eggplant**

c04 38 **green pepper**

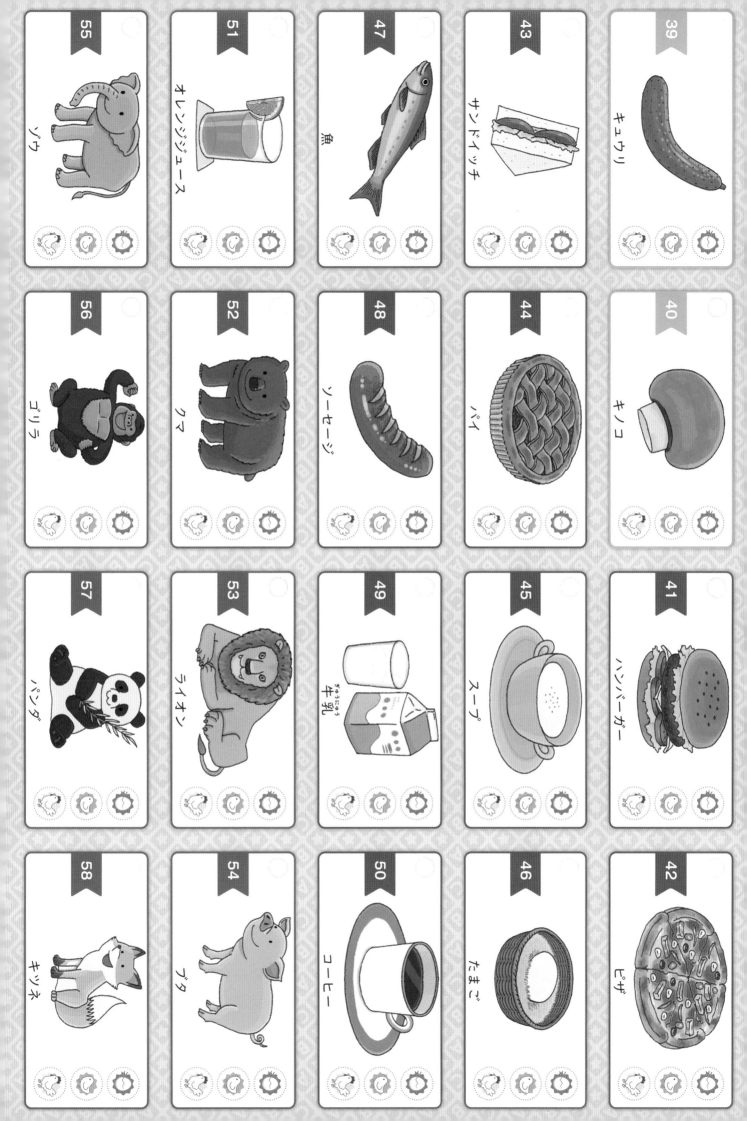

| 39 キュウリ | 43 サンドイッチ | 47 魚 | 51 オレンジジュース | 55 ゾウ |
| 40 キノコ | 44 パイ | 48 ソーセージ | 52 クマ | 56 ゴリラ |
| 41 ハンバーガー | 45 スープ | 49 牛乳（ぎゅうにゅう） | 53 ライオン | 57 パンダ |
| 42 ピザ | 46 たまご | 50 コーヒー | 54 ブタ | 58 キツネ |

**39** ♪c04 cucumber

**40** ♪c04 mushroom

**41** ♪c05 hamburger

**42** ♪c05 pizza

**43** ♪c05 sandwich
2つ以上は sandwiches だよ。

**44** ♪c05 pie

**45** ♪c05 soup

**46** ♪c05 egg

**47** ♪c05 fish

**48** ♪c05 sausage

**49** ♪c05 milk

**50** ♪c05 coffee

**51** ♪c05 orange juice

**52** ♪c06 bear

**53** ♪c06 lion

**54** ♪c06 pig

**55** ♪c06 elephant

**56** ♪c06 gorilla

**57** ♪c06 panda

**58** ♪c06 fox
2ひき以上は foxes だよ。

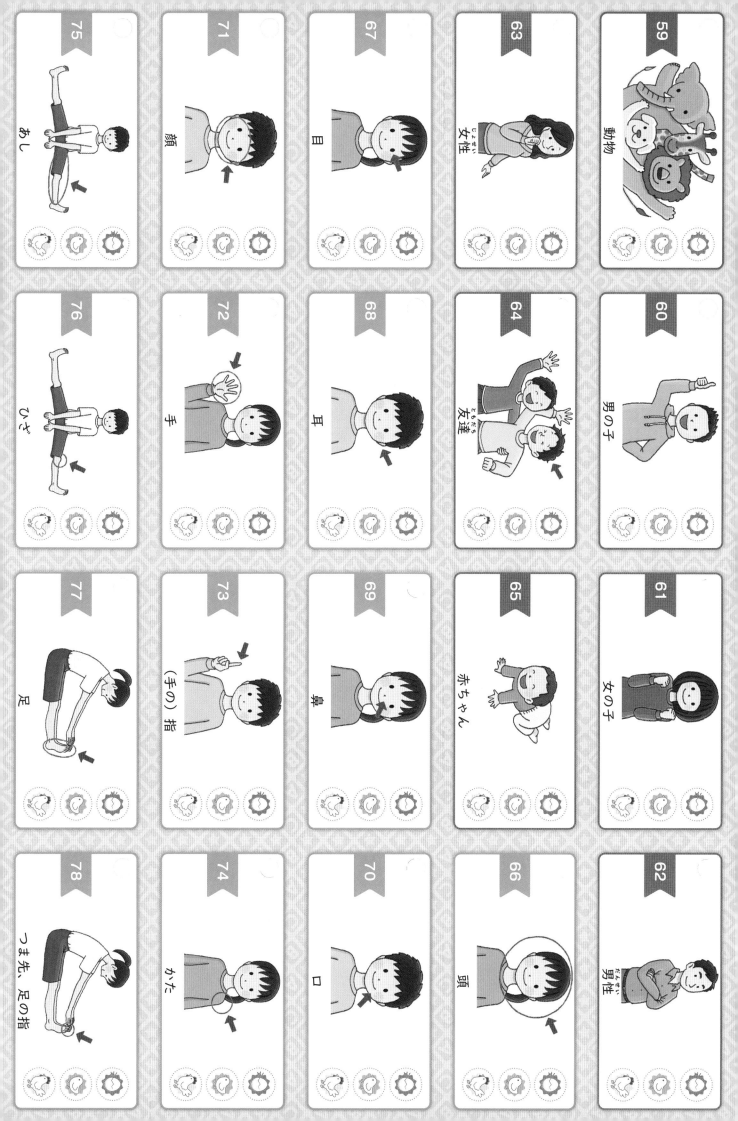

| 59 動物 | 63 女性 | 67 目 | 71 顔 | 75 あし |
| 60 男の子 | 64 友達 | 68 耳 | 72 手 | 76 ひざ |
| 61 女の子 | 65 赤ちゃん | 69 鼻 | 73 （手の）指 | 77 足 |
| 62 男性 | 66 頭 | 70 口 | 74 かた | 78 つま先、足の指 |

| c06 | 59 | animal |
| c07 | 60 | boy |
| c07 | 61 | girl |
| c07 | 62 | man<br>2人以上は men だよ。 |
| c07 | 63 | woman<br>2人以上は women だよ。 |
| c07 | 64 | friend |
| c07 | 65 | baby<br>2人以上は babies だよ。 |
| c08 | 66 | head<br>顔をふくめた首から上の部分をさすよ。 |
| c08 | 67 | eye |
| c08 | 68 | ear |
| c08 | 69 | nose |
| c08 | 70 | mouth |
| c08 | 71 | face |
| c08 | 72 | hand |
| c08 | 73 | finger |
| c08 | 74 | shoulder |
| c08 | 75 | leg<br>ふつう足首から太もものつけ根までをさすよ。 |
| c08 | 76 | knee |
| c08 | 77 | foot<br>足首から先の部分をさすよ。 |
| c08 | 78 | toe |

# 教科書ワーク もくじ

小学校の英語活動に対応 **英語4年**

# この本のくわしい使い方

小学教科書ワークでは 小学校の英語学習 ・ 重要単語の練習 ・ 重要表現のまとめ の3つの柱で小学校で習う英語を楽しくていねいに学習できます。ここではそれぞれの学習の流れを紹介します。

## 小学校の英語学習

**①** きほんのワーク

QRコードを読み取ると音声が流れるよ！
リズムにあわせて楽しく練習！

QRコードを読み取ると動画が再生できるよ！
リズムにあわせてはつわ練習！

Alec先生

わくわく動画

リズムにあわせて表現の練習！

自己表現の練習も！

ことば編

表現編

①新しく習う英語を音声につづいて大きな声で言おう。
　● ことば編 では、その単元で学習する単語をリズムにあわせて音読するよ。
　● 表現編 では、さいしょにわくわく動画を見ながら、その単元で学習する表現を確認するよ。
　　　It's your turn!（あなたの番です）が出たら、画面に出ている英語をはつわしよう。
②新しく習う表現についてのせつめいを読もう。
③声に出して言えたら、□にチェックをつけよう。

## 重要単語の練習

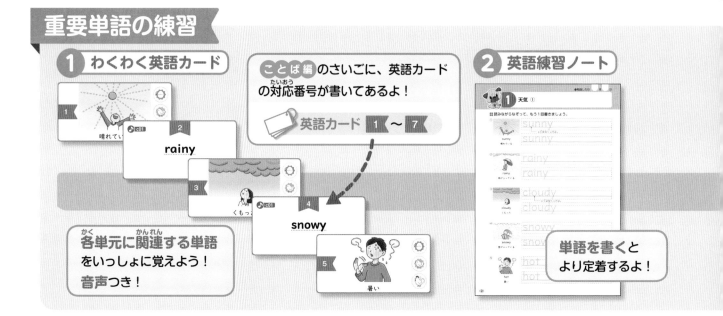

**①** わくわく英語カード

ことば編 のさいごに、英語カードの対応番号が書いてあるよ！

英語カード 1 ～ 7

**②** 英語練習ノート

各単元に関連する単語をいっしょに覚えよう！音声つき！

単語を書くとより定着するよ！

rainy

snowy

※QRコードは（株）デンソーウェーブの登録商標です。

英語音声の再生方法は
5ページを見よう！

リョウ
Ryo

## ② 書いて練習のワーク　　③ 聞いて練習のワーク　　④ まとめのテスト

QRコードから問題の音声
が聞けるよ。

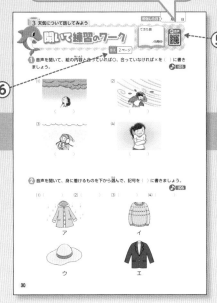

④新しく習ったことばや表現を書いて練習しよう。声に出して言いながら書くと効果的だよ。

⑤音声を聞いて問題に答えよう。聞きとれなかったら、もう一度聞いてもOK。

⑥解答集を見て答え合わせをしよう。読まれた音声も確認！

⑦確認問題にチャレンジ！問題をよく読もう。時間を計ってね。

⑧解答集を見て答え合わせをしよう。

## ③ はつおん上達アプリおん達でアウトプット！

おん達ではつおん
練習ができるよ！

おん達の使い方・アクセス
コードは4ページを見よう！

ヒナ
Hina

QRコードを読み取ると
会話の音声が聞けるよ！

アプリで練習！
重要表現まるっと整理

はつおん上達アプリおん達
にも対応しているよ。

「重要表現まるっと整理」は
105ページからはじまるよ。

Adra

さいごにまとめとして使って
もよいし、日ごろの学習に
プラスしてもよいね！

Oliver

## 📱 アプリ・音声について

この本のふろくのすべてのアクセスコードは **EJHUZF7a** です。

### ⭐ 文理のはつおん上達アプリ　おん達

● 「重要表現まるっと整理」と「わくわく英語カード」のはつわ練習ができます。
● お手本の音声を聞いて、自分の発音をふきこむとAIが点数をつけます。
● 何度も練習し、高得点を目ざしましょう。
● 右のQRコードからダウンロードページへアクセスし、
　上記のアクセスコードを入力してください。
● アクセスコード入力時から15か月間ご利用になれます。
● 【推奨環境】スマートフォン、タブレットなど（iOS11以上、Android8.0以上）

おん達
ダウンロード

※音声配信サービスおよび「おん達」は無料ですが、別途各通信会社の通信料がかかります。
※お客様のネット環境および端末によりご利用いただけない場合がございます。ご理解、ご了承いただきますよう、お願いいたします。

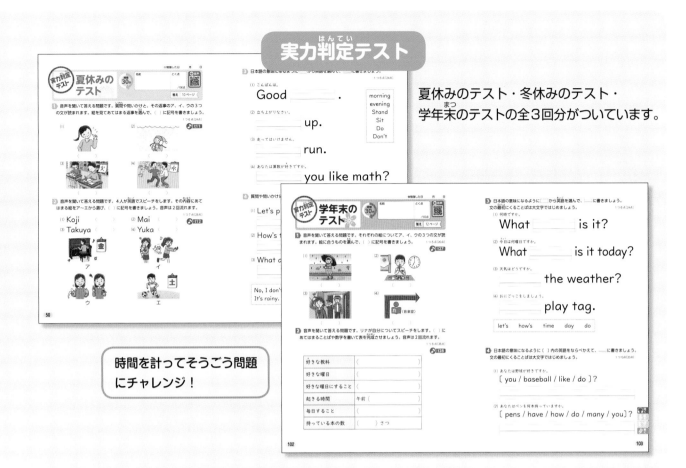

## 実力判定テスト

夏休みのテスト・冬休みのテスト・
学年末のテストの全3回分がついています。

時間を計ってそうごう問題
にチャレンジ！

## CBT (Computer Based Testing)

### ◆CBTの使い方

❶BUNRI-CBT (https://b-cbt.bunri.jp)に
PC・タブレットでアクセス。

❷ログインして、4ページのアクセスコードを
入力。

WEB上のテストにちょうせん。
成績表で苦手チェック！

---

## ★ 英語音声の再生方法

●英語音声があるものには ♪a01 がついています。音声は以下の3つの方法で再生することができます。

**①QRコードを読み取る：**
各単元の冒頭についている音声QRコードを読み取ってください。

**②音声配信サービスonhaiから再生する：**
WEBサイト https://listening.bunri.co.jp/ へアクセスしてください。

**③音声をダウンロードする：**
文理ホームページよりダウンロードも可能です。
URL https://portal.bunri.jp/b-desk/ejhuzf7a.html
②・③では4ページのアクセスコードを入力してください。

A  B  C D 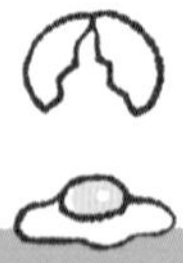 E

F G  H  I J

K  L  M N

O  P  Q R

S T  U V W

X  Y Z

★ リズムに合わせて、声に出して言いましょう。 ✓ 言えたらチェック □□□

🔊音声　♪ a01

a b 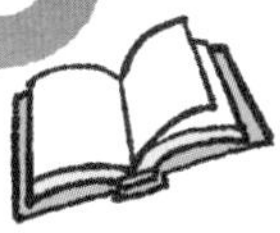 c d 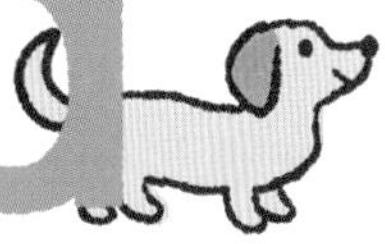 e

f 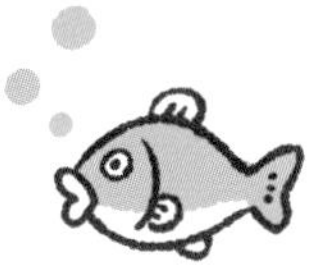 g h 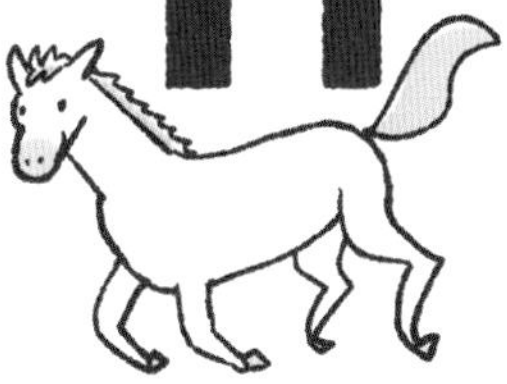 i 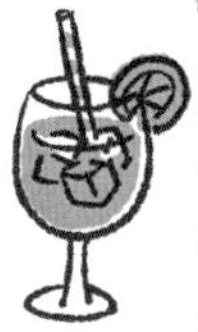 j

k l 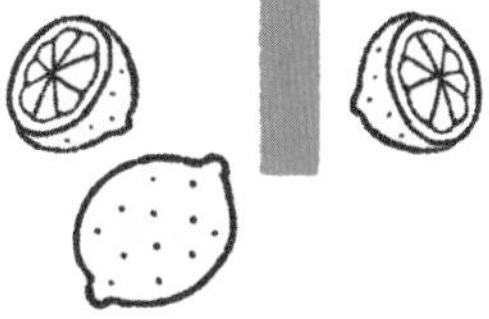 m 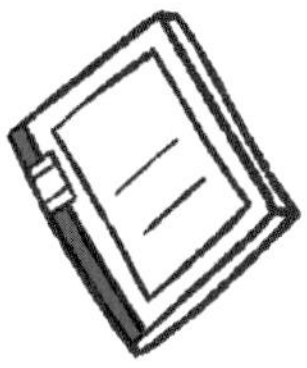 n

o 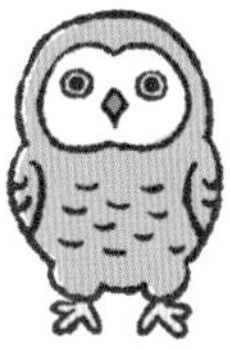 p 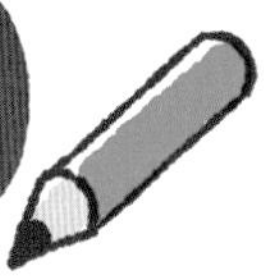 q 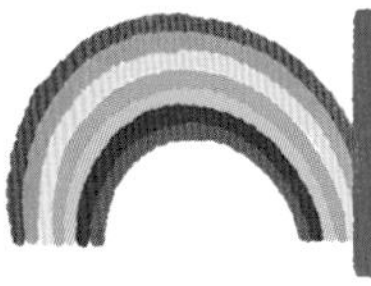 r

s t 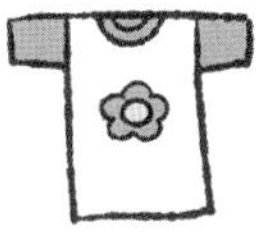 u 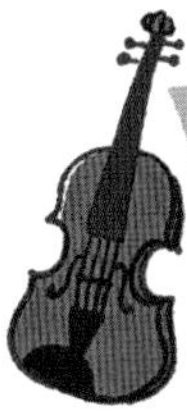 v w

x 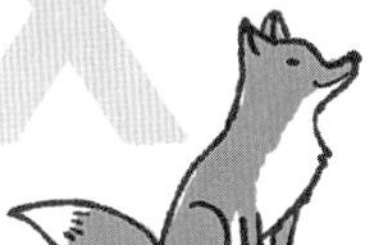 y z

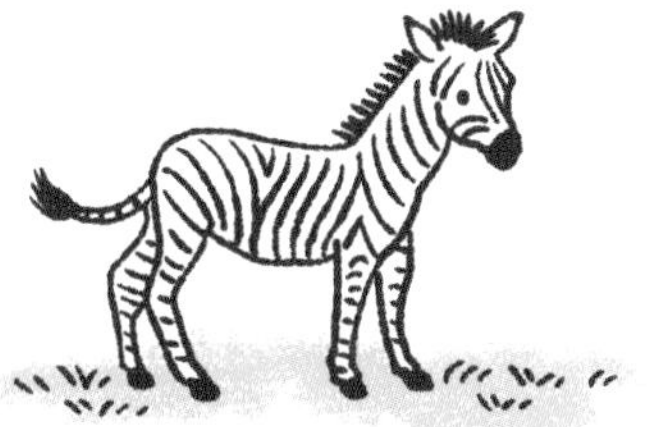

**アルファベット ①**

# きほんのワーク

**目 標**

アルファベットの大文字が読めて、文字が書けるようになりましょう。

🔊音声

---

## アルファベットの大文字を覚えよう！

⭐ リズムに合わせて、声に出して言いましょう。　✔言えたらチェック □□□　♪a01

| | | | | |
|---|---|---|---|---|
| A | B | C | D | E |
| F | G | H | I | J |
| K | L | M | N | O |
| P | Q | R | S | T |
| U | V | W | X | Y |
| Z | | | | |

---

**ことば解説**

・アルファベットの文字は右のような4線を使って練習しましょう。

・大文字は、高さがすべて同じで、上から1番目と3番目の線の間に書きます。

・右ページ（9ページ）でそれぞれの文字の書き方を練習しましょう。アルファベットにも書き順があります。ここで示したものは、1つの例です。

← 1番目の線
← 2番目の線
← 3番目の線
← 4番目の線

# 書いて練習のワーク

⭐ 読みながらなぞって、もう1回書きましょう。

※書き順は1つの例です。決まりはありません。

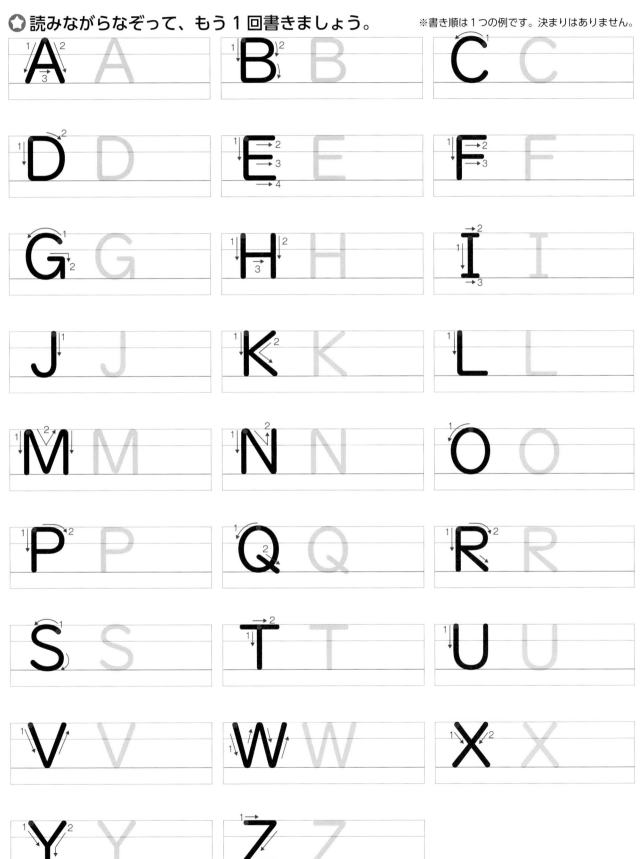

A A B B C C

D D E E F F

G G H H I I

J J K K L L

M M N N O O

P P Q Q R R

S S T T U U

V V W W X X

Y Y Z Z

聞く
話す
読む
書く

目　標
アルファベットの小文字が読めて、文字が書けるようになりましょう。

 音声

## アルファベット ②

# きほんのワーク

## アルファベットの小文字を覚えよう！

★ リズムに合わせて、声に出して言いましょう。 ✔言えたらチェック □□□ ♪a01

| a | b | c | d | e |
|---|---|---|---|---|
| f | g | h | i | j |
| k | l | m | n | o |
| p | q | r | s | t |
| u | v | w | x | y |
| z | | | | |

### ことば解説(かいせつ)

・アルファベットの大文字はすべて同じ高さで1番目から3番目の線の間に書きましたが、小文字は高さが文字によってちがいます。また、上から4番目の線にくっつけて書くものもあります。

〈大文字〉 ABCD

すべて1番目と3番目の線の間

〈小文字〉 abgj

高さはいろいろ、4番目の線につくものもある

# 書いて練習のワーク

⭐ 読みながらなぞって、もう1回書きましょう。 ※書き順は1つの例です。決まりはありません。

a a  b b  c c

d d  e e  f f

g g  h h  i i

j j  k k  l l

m m  n n  o o

p p  q q  r r

s s  t t  u u

v v  w w  x x

y y  z z

英語のトビラ アルファベット26文字の中で一番多く使われる文字と一番使われない文字は何かわかるかな？
一番多く使われるのは e、一番使われないのは z と言われているよ。

11

# 聞いて練習のワーク

答え 1ページ

**1** 音声を聞いて、読まれたほうのアルファベットの（　）に○を書きましょう。

🎵 t01

(1)　C　　E　　　　(2)　B　　V
　　（　　　）（　　　　）　　　　（　　　　）（　　　　）

(3)　G　　D　　　　(4)　J　　Z
　　（　　　）（　　　　）　　　　（　　　　）（　　　　）

(5)　t　　d　　　　(6)　f　　s
　　（　　　）（　　　　）　　　　（　　　　）（　　　　）

(7)　l　　m　　　　(8)　p　　q
　　（　　　）（　　　　）　　　　（　　　　）（　　　　）

**2** 読まれたアルファベットの順序を正しく表しているものを選んで、記号を（　）に書きましょう。

🎵 t02

(1)（　　　　）　ア　B E C V D
　　　　　　　　イ　E B C D V
　　　　　　　　ウ　C B D V E

(2)（　　　　）　ア　h n m r t f
　　　　　　　　イ　h r t m n f
　　　　　　　　ウ　f r t n m h

わかるまで、何回も聞いてね。

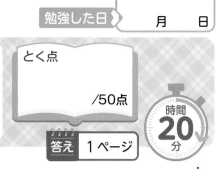

# まとめのテスト

## アルファベットを覚えよう

**1** アルファベットの順にならべかえて、◯◯◯ に書きましょう。　1つ5点〔20点〕

(1) LNHJKMI

(2) URTOPSQ

(3) ghbdfaec

(4) wrptuvqs

**2** 大文字は小文字に、小文字は大文字にして、◯◯◯ に書きましょう。　1つ6点〔30点〕

(1) P →

(2) Q →

(3) J →

(4) k →

(5) u →

目標

時間帯や気持ちを表す
ことばを英語で言える
ようになりましょう。

 音声

## あいさつ ①

# きほんのワーク

## 時間帯や気持ちを表すことばを覚えよう

★ リズムに合わせて、声に出して言いましょう。　✓言えたらチェック □□□　♪ a02

☐ **morning**

午前、朝

☐ **afternoon**

午後

☐ **evening**

夕方、晩

☐ **night**

夜

☐ **today**

今日

☐ **fine**

元気な

☐ **happy**

楽しい、幸せな

☐ **sad**

悲しい

☐ **tired**

つかれた

### ことば解説

日の出から正午までを morning、正午から日がしずむくらいまでを afternoon、日がしずんで
から数時間を evening と言います。night は日がしずんでから日の出までを言います。

### 発音コーチ

強く読むところに気をつけましょう。

mórning　　　afternóon　　　évening　　　todáy

※▼のついているところが
強く読むところです。

# 書いて練習のワーク

⭐ 読みながらなぞって、もう1〜2回書きましょう。

morning

午前、朝

afternoon

午後

evening

夕方、晩

night

夜

today

今日

fine

元気な

happy

楽しい、幸せな

sad

悲しい

🎧 聞く
🎤 話す
📖 読む
✏️ 書く

tired

つかれた

 英語の トピラ！ 日本とアメリカのニューヨークの時差は 14 時間だよ。また、アメリカは同じ国内でも時差があるんだ。西の
ロサンゼルスと東のニューヨークの時差は 3 時間だよ。アメリカは広いね。

**あいさつ ②**

目標
英語でいろいろなあいさつができるようになりましょう。

動画

# きほんのワーク

♪ a03

## 1 一日のあいさつのしかた

✓ 言えたらチェック □□□

Good morning.
おはよう。

Good evening.
こんばんは。

See you.
またね。

Good afternoon.
こんにちは。

Goodbye.
さようなら。

✿ 朝のあいさつは Good morning.（おはよう）、午後のあいさつは Good afternoon.（こんにちは）、夕方や夜のあいさつは Good evening.（こんばんは）と言います。

✿ 人と別れるときは、Goodbye.（さようなら）や See you.（またね）と言います。

🔊 **声に出して言ってみよう** 次の英語を言いましょう。

朝 Good morning. 午後 Good afternoon.
夜 Good evening. 別れ Goodbye. / See you.

📓 **表現べんり帳**
夜ねるとき、別れるときのあいさつ
Good night.［グ(ドゥ)ナイト］
（おやすみなさい）

## 2 体調のたずね方と答え方

✓ 言えたらチェック □□□

How are you?
元気ですか。

I'm fine.
元気です。

✿「元気ですか」は、How are you? と言います。

✿ 答えるときは、I'm fine[good].（元気です）や Not bad.（悪くないです）などと言います。

🔊 **声に出して言ってみよう** 次の英語を言いましょう。

たずね方 How are you?
答え方 I'm fine. / I'm good. / Not bad.

➕ **ちょこっとプラス**
I'm ～. で自分の気持ちや体調を言うことができます。
例 I'm tired.（わたしはつかれています）

How are you? 以外にも、What's wrong?［(フ)ワッツ ロ(ー)ング］（どうしたのですか）などで相手に体調をたずねることができます。また、What's wrong? はこまっている人を気づかうときなどにも使います。

# 書いて練習のワーク

☆ 読みながらなぞって、書きましょう。

Good morning.

おはよう。

Good afternoon.

こんにちは。

Good evening.

こんばんは。

Goodbye.

さようなら。

See you.

またね。

How are you?

元気ですか。

I'm fine.

元気です。

I'm good.

元気です。

Not bad.

悪くないです。

　　別れるときのあいさつには Have a nice day.［ハヴ ァ ナイス デイ］（よい一日を）などもあるよ。夕方前くらいまで使うあいさつなんだ。言われたら、You, too.［ユー トゥー］（あなたもね）と返事しようね。

**目標**

くだもの、スポーツ、教科を英語で言えるようになりましょう。

◀音声

# 自己しょうかい ①

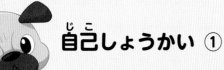

## くだもの、スポーツ、教科を表すことばを覚えよう

⭐ リズムに合わせて、声に出して言いましょう。 ✓言えたらチェック □□□ ♪a04

☐ **apple** ★apples
リンゴ

☐ **banana** ★bananas
バナナ

☐ **orange** ★oranges
オレンジ

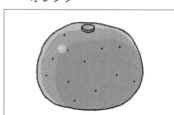

☐ **baseball**
野球

☐ **basketball**
バスケットボール

☐ **soccer**
サッカー

☐ **English**
英語

☐ **math**
算数

☐ **science**
理科

### ワードボックス
♪a05

☐ peach(es) モモ  ☐ lemon(s) レモン  ☐ melon(s) メロン  ☐ tennis テニス

☐ volleyball バレーボール  ☐ swimming 水泳  ☐ music 音楽  ☐ P.E. 体育

### ことば解説

体育の P.E. は physical education［フィズィカル エヂュケイション］を短くした言い方です。

算数の math は mathematics［マセマティクス］を短くした言い方です。

★…2つ以上のときの形

# 書いて練習のワーク

☆ 読みながらなぞって、もう1～2回書きましょう。

apple

リンゴ

banana

バナナ

orange

オレンジ

baseball

野球

basketball

バスケットボール

soccer

サッカー

English

英語

math

算数

science

理科

アメリカで人気のあるスポーツにアメリカンフットボールがあるよ。NFL とよばれるプロのリーグがあって、そのチャンピオンを決めるスーパーボウルはアメリカ中がおおいにもりあがるよ。

## 自己しょうかい ②

# きほんのワーク

♪ a06

## 1 自分の名前の言い方

✓ 言えたらチェック □□□

> Hi, I'm Emi.
> こんにちは、わたしはエミです。
> Nice to meet you.
> はじめまして。

❀ 自分の名前を言うときは、I'm 〜. と言います。「〜」の部分に、自分の名前を入れます。

❀「こんにちは」は、Hi. と言います。Hello. と言うこともできます。

❀「はじめまして」は、Nice to meet you. と言います。

🔊 声に出して言ってみよう  □ に入ることばを入れかえて言いましょう。

Hi, I'm Emi.   Nice to meet you.

↑ 自分の名前を入れて言いましょう。

📝 表現べんり帳

相手から Nice to meet you. と言われたら、Nice to meet you, too. と最後に too をつけて返事をしましょう。

## 2 自分の好きなものの言い方

✓ 言えたらチェック □□□

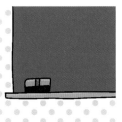

> I like oranges.
> わたしはオレンジが好きです。

> I don't like apples.
> わたしはリンゴが好きではありません。

❀「わたしは〜が好きです」は、I like 〜. と言います。

❀「わたしは〜が好きではありません」は、I don't like 〜. と言います。

❀「〜」の部分には、自分の好きなもの、好きではないものを入れます。

🔊 声に出して言ってみよう  □ に入ることばを入れかえて言いましょう。

I like oranges. ← ・lemons ・soccer ・English

I don't like apples. ← ・bananas ・baseball ・math

➕ ちょこっとプラス

特定の1つのものではなくその種類全体が好きなときは、最後に s や es をつけます。
例 melons, peaches

ステップアップ 「はじめまして」は Nice to meet you. と言う以外に、How do you do? [ハウ ドゥー ユー ドゥー] と言うこともあります。このように言われたら、同じように How do you do? と返事をしましょう。

# 書いて練習のワーク

☆読みながらなぞって、もう1回書きましょう。

Hi, I'm _____.

こんにちは、わたしは（自分の名前）です。

Nice to meet you.

はじめまして。

I like oranges.

わたしはオレンジが好きです。

I like soccer.

わたしはサッカーが好きです。

I don't like apples.

わたしはリンゴが好きではありません。

英語のトビラ 英語で自分の名前を言うときは、日本語で言うときと同じ「姓（せい）」→「名前」の順で言う言い方と、英語と同じ「名前」→「姓（じせい）」の順で言う言い方の両方があるよ。　例　I'm Ito Emi. / I'm Emi Ito.

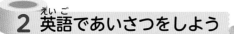

## 2 英語であいさつをしよう

# 聞いて練習のワーク

できた数

／7問中

 音声

答え 1ページ

**①** 音声を聞いて、内容に合う絵を下から選んで、記号を（　）に書きましょう。

♪ t03

(1)（　　　　）　(2)（　　　　）　(3)（　　　　）　(4)（　　　　）

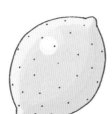

ア

午後

イ

午前、朝

ウ

エ

**②** 音声を聞いて、それぞれの人が好きなものを線で結びましょう。

♪ t04

(1)

Ken

(2)

Yuki

(3)

Satoru

# まとめのテスト

## 英語であいさつをしよう

とく点

/50点

答え　2ページ

時間 20分

**1** 日本語の意味を表す英語を線で結びましょう。

1つ5点〔20点〕

(1) おはよう。　　　・

(2) こんにちは。　　・

(3) はじめまして。　・

(4) またね。　　　　・

・ Good afternoon.

・ Nice to meet you.

・ See you.

・ Good morning.

**2** 日本語の意味を表す英語の文を ┊┄┄┊ から選んで、══ に書きましょう。

1つ10点〔30点〕

(1) 元気ですか。

(2) 〔(1)への返事として〕　元気です。

(3) わたしは野球が好きではありません。

How are you? / Good night.
I'm tired. / I'm fine.
I don't like volleyball. / I don't like baseball.

聞く
話す
読む
書く

天気の言い方とたずね方 ①

## きほんのワーク

**目標**
天気や寒暖を表すことばを英語で言えるようになりましょう。

◀) 音声

---

### 天気や寒暖を表すことばを覚えよう

⭐ リズムに合わせて、声に出して言いましょう。 ✓ 言えたらチェック ☐☐☐ ♪ a07

☐ **weather**
天気

☐ **sunny**
晴れている

☐ **rainy**
雨がふっている

☐ **cloudy**
くもった

☐ **snowy**
雪がふっている

☐ **windy**
風の強い

☐ **cold**
寒い

☐ **hot**
暑い

音声をよく聞いて、言ってみてね。

---

**ワードボックス** ♪ a08

☐ Japan 日本  ☐ America アメリカ  ☐ Canada カナダ  ☐ China 中国
☐ India インド  ☐ Italy イタリア  ☐ France フランス  ☐ Egypt エジプト

**ことば解説**

hot には、「暑い」以外に、「(食べ物などが)からい」、「(物が)熱い」の意味があります。また、cold には、「寒い」以外に、「(水などが)冷たい」「(人の態度などが)冷たい」の意味もあります。

# 書いて練習のワーク

⭐ 読みながらなぞって、もう1〜2回書きましょう。

weather

天気

sunny

晴れている

rainy

雨がふっている

cloudy

くもった

snowy

雪がふっている

windy

風の強い

cold

寒い

hot

暑い

聞く

話す

読む

書く

Japan

日本

英語では「お湯」のことは hot water と言うよ。「アイスコーヒー」は何と言うかわかるかな？
iced coffee［アイスト コ(ー)フィ］だよ。

## 天気の言い方とたずね方 ②

# きほんのワーク

**目標**
身に着けるものを表すことばを英語で言えるようになりましょう。

🔊 音声

---

## 身に着けるものを覚えよう

⭐ リズムに合わせて、声に出して言いましょう。　✔ 言えたらチェック □□□　♪ a09

☐ **T-shirt**
Ｔシャツ　★T-shirts

☐ **sweater**
セーター　★sweaters

☐ **raincoat**
レインコート　★raincoats

☐ **hat**　★hats
（ふちのある）ぼうし

☐ **cap**　★caps
（ふちのない）ぼうし

☐ **umbrella**　★umbrellas
かさ

☐ **gloves**
手ぶくろ

☐ **boots**
長ぐつ、ブーツ

☐ **rain boots**
雨用長ぐつ、レインブーツ

---

### ワードボックス
♪ a10

☐ clothes　衣服　　☐ shirt(s)　シャツ　　☐ jacket(s)　ジャケット、上着

☐ forget　忘れる　　☐ put on　着る

### ことば解説

gloves（手ぶくろ）、boots（長ぐつ）のように、左右の2つで使うものはsをつけた形にします。
野球で使う「グローブ」は、1つで使うので、2つ以上のとき以外は glove と s をつけません。

★…2つ以上のときの形

# 書いて練習のワーク

⭐️ 読みながらなぞって、何回か書きましょう。

T-shirt

Tシャツ

sweater

セーター

raincoat

レインコート

hat

（ふちのある）ぼうし

cap

（ふちのない）ぼうし

umbrella

かさ

gloves

手ぶくろ

boots

長ぐつ、ブーツ

rain boots

雨用長ぐつ、レインブーツ

聞く
話す
読む
書く

英語の
トビラ
hat は「ふちのあるぼうし」のことなので、麦わらぼうしやシルクハットなどをさすよ。cap は「ふちのない
ぼうし」のことなので、ニットぼう、野球ぼうなどをさすよ。

27

**目標** 英語で天気について言ったり、たずねたりできるようになりましょう。

## 天気の言い方とたずね方 ③

♪ a11

### ① 天気の言い方

It's sunny today.
Put on your cap.
今日は晴れています。ぼうしをかぶりなさい。

❀ 今日の天気について言うときは、**It's ～ today.** と言います。

❀ 「～を着なさい［かぶりなさい、つけなさい］」は、**Put on ～.** と言います。

声に出して**言ってみよう** ☐ に入ることばを入れかえて言いましょう。

It's [sunny] today.　• rainy　• cold　• windy

Put on your [cap].　• raincoat　• sweater　• jacket

**＋ちょこっとプラス**
It's は It is を短くした言い方です。ほかにも、短くした言い方には、I am → I'm、How is → How's などがあります。

### ② 天気のたずね方と答え方

How's the weather in America?
アメリカの天気はどうですか。

It's rainy.
雨がふっています。

❀ 天気についてたずねるときは、**How's the weather?** と言います。特定の場所についてたずねたいときは、最後に **in〈場所〉** をつけます。

❀ 答えるときは、❶で習ったように、**It's ～.** の形を使います。

声に出して**言ってみよう** ☐ に入ることばを入れかえて言いましょう。

たずね方 **How's the weather in** [America] **?**
　　　• Canada　• China　• Italy

答え方 **It's** [rainy] **.**　• cloudy　• snowy　• hot

**💡思い出そう**
how は体調などをたずねるときにも使います。
例 How are you?
（元気ですか）
I'm fine.
（元気です）

**ステップアップ**「天気予報」は weather forecast［ウェザァ フォーキャスト］または weather report［ウェザァ リポート］と言います。また、「天気図」は weather map［ウェザァ マップ］と言います。

# 書いて練習のワーク

★ 読みながらなぞって、もう 1 回書きましょう。

It's sunny today.

今日は晴れています。

Put on your cap.

ぼうしをかぶりなさい。

How's the weather in America?

アメリカの天気はどうですか。

It's rainy.

雨がふっています。

🎧 聞く
🎤 話す
📖 読む
✏️ 書く

It's cloudy.

くもっています。

 日本の台風は「台風 5 号」などのように、その年に発生した順に番号をつけてよばれるね。アメリカでは、ハリケーン (hurricane) と言って、男性名、女性名を交互につけてよぶよ。

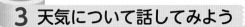

聞いて練習のワーク

答え 2ページ

1 音声を聞いて、絵の内容と合っていれば○、合っていなければ×を（　）に書きましょう。

♪ t05

(1)

（　　　　　）

(2)

（　　　　　）

(3)

（　　　　　）

(4)

（　　　　　）

2 音声を聞いて、身に着けるものを下から選んで、記号を（　）に書きましょう。

♪ t06

(1) （　　　　　）　　(2) （　　　　　）　　(3) （　　　　　）　　(4) （　　　　　）

ア

イ

ウ

エ

# まとめのテスト

## 天気について話してみよう

**1** 日本語の意味を表す英語を線で結びましょう。

1つ5点〔20点〕

(1) 手ぶくろ　　・　　　　　・ gloves

(2) かさ　　　　・　　　　　・ Italy

(3) インド　　・　　　　　・ umbrella

(4) イタリア　・　　　　　・ India

**2** 日本語の意味になるように □ から英語を選んで、＝＝ に書きましょう。

1つ10点〔30点〕

(1) 中国の天気はどうですか。

 the weather in China?

(2) 〔(1)への返事として〕　晴れています。

_____ sunny.

(3) ぼうしをかぶりなさい。

 on your cap.

How's　　It's　　I'm　　Put　　Have

**31**

## 指示（しじ）するとき、さそうときの言い方 ①

# きほんのワーク

## 動作や遊びを表すことばを覚（おぼ）えよう

⭐ リズムに合わせて、声に出して言いましょう。　☑ 言えたらチェック □□□　♪ a12

☐ **sing**

歌う

☐ **dance**

おどる

☐ **walk**

歩く

☐ **run**

走る

☐ **stop**

止まる

☐ **stand up**

立ち上がる

☐ **sit down**

すわる

☐ **play cards**

トランプをする

☐ **play tag**

おにごっこをする

### ワードボックス

♪ a13

☐ touch　ふれる　　　☐ study hard　熱心に勉強する　　　☐ play dodgeball　ドッジボールをする

☐ go shopping　買い物に行く　　　☐ go outside　外に出かける

### 発音コーチ

walk [ウォーク] の「オー」は、くちびるを少し丸め、口のおくで「オ」と言います。日本語の「ア」と
「オ」の中間のような音です。walk の l は発音しません。

# 書いて練習のワーク

⭐ 読みながらなぞって、もう何回か書きましょう。

sing

歌う

dance

おどる

walk

歩く

run

走る

stop

止まる

stand up

立ち上がる

sit down

すわる

play cards

トランプをする

play tag

おにごっこをする

 go のあとに〜ing の形のことばを続けると、「〜に行く」という意味になるよ。
例 go hiking [ゴゥ ハイキング]（ハイキングに行く）、go camping [ゴゥ キャンピング]（キャンプに行く）

**目標**
英語で、指示したり遊びにさそったりできるようになりましょう。

動画

## 指示するとき、さそうときの言い方 ②

# きほんのワーク

♪a14

## ① 指示するときの言い方

☑言えたらチェック □□□

**Stand up. Don't sit down.**
立ち上がりなさい。すわってはいけません。

❀ 「〜しなさい」と相手に指示をするときは、**動作を表すことばではじめます。**I や you などの動作をする人を表すことば（主語）はつけません。

❀ 「〜してはいけません」と禁止の指示をするときは、**Don't 〜.** と言います。

🔊 **声に出して**言ってみよう 　□に入ることばを入れかえて言いましょう。

| Stand up |. | Don't | sit down |.

・Stop　・Study hard

・walk　・go outside

**＋ちょこっとプラス**
Stand up. や Don't sit down. など相手に指示を出すときに使う主語がない文のことを命令文と言います。

## ② さそうときの言い方

☑言えたらチェック □□□

**Let's play tag.**
おにごっこをしましょう。

**Yes, let's.**
はい、そうしましょう。

❀ 「〜しましょう」と相手をさそうときは、**Let's 〜.** と言います。

❀ 「はい、そうしましょう」と答えるときは **Yes, let's.**、「いいえ、よしましょう」とことわるときは **No, let's not.** と返事をします。

🔊 **声に出して**言ってみよう 　□に入ることばを入れかえて言いましょう。

（さそい方）**Let's** | play tag |.

・play cards
・go shopping

（答え方）**Yes, let's. / No, let's not.**

**📝表現べんり帳**
さそいに応じる言い方はほかにもあります。
例
**All right.** ［オール ライト］
（いいですよ）

ステップアップ 　さそわれてことわるときは、No, let's not. と言うだけではなく、I'm sorry. ［アイム サリィ］（ごめんなさい）とあやまることばも付け加えましょう。

# 書いて練習のワーク

☆ 読みながらなぞって、もう1回か書きましょう。

Stand up.

立ち上がりなさい。

Study hard.

熱心に勉強しなさい。

Don't sit down.

すわってはいけません。

Let's play tag.

おにごっこをしましょう。

Let's go shopping.

買い物に行きましょう。

Yes, let's.

はい、そうしましょう。

No, let's not.

いいえ、よしましょう。

 「おにごっこ」は tag だったね。それでは、「かくれんぼ」は何と言うかな？
hide and seek［ハイドゥンスィーク］と言うよ。

35

# 聞いて練習のワーク

勉強した日 　月　　日

できた数

／6問中

♪音声

答え 3ページ

**1** 音声を聞いて、読まれた内容<sub>ないよう</sub>に合う絵を選んで<sub>えら</sub>、記号を○でかこみましょう。

♪ t07

(1)

ア

イ

(2)

ア

イ

**2** 音声を聞いて、内容に合う絵を下から選んで、記号を（　）に書きましょう。

♪ t08

(1) （　　　　） 　(2) （　　　　） 　(3) （　　　　） 　(4) （　　　　）

ア

イ

ウ

エ

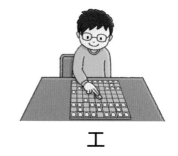

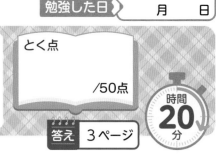

# まとめのテスト

## 遊びにさそってみよう

勉強した日 月 日

とく点 /50点

答え 3ページ

時間 20分

**1** 英語の意味を表す日本語を から選んで、（ ）に書きましょう。

1つ5点〔20点〕

(1) dance （ 　　　　　 ）

(2) stop （ 　　　　　 ）

(3) touch （ 　　　　　 ）

(4) sing （ 　　　　　 ）

止まる
おどる
歌う
ふれる
走る

**2** 日本語の意味を表す英語の文を から選んで、 に書きましょう。

1つ10点〔30点〕

(1) 熱心に勉強しなさい。

(2) 外に出かけましょう。

(3) 〔(2)への返事として〕 はい、そうしましょう。

Stand up. / Study hard.
Let's play cards. / Let's go outside.
Yes, let's. / No, let's not.

聞く
話す
読む
書く

目標
曜日に関連することば を英語で言えるように なりましょう。

音声

## 曜日についてのたずね方と答え方 ①

# きほんのワーク

### 曜日に関連することばを覚えよう！

⭐ リズムに合わせて、声に出して言いましょう。 ✓ 言えたらチェック ☐☐☐ ♪a15

☐ **Monday**

月曜日　★Mondays

☐ **Tuesday**

火曜日　★Tuesdays

☐ **Wednesday**

水曜日　★Wednesdays

☐ **Thursday**

木曜日　★Thursdays

☐ **Friday**

金曜日　★Fridays

☐ **Saturday**

土曜日　★Saturdays

☐ **Sunday**

日曜日　★Sundays

☐ **day** 　★days

日、一日

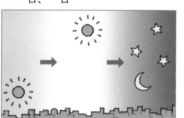

☐ **week** 　★weeks

週

📋 **ことば解説**

曜日は短くした形で表すこともあります。Monday → Mon.、Tuesday → Tue(s).、Wednesday → Wed.、Thursday → Thur(s).、Friday → Fri.、Saturday → Sat., Sunday → Sun.

😀 **発音コーチ**

Wednesday の最初の d は発音しないので注意しましょう。Thursday の th は舌の先を上の歯に軽く当てながら発音します。音声をよく聞いて、まねて言いましょう。

★…2つ以上のときの形

# 書いて練習のワーク

☆ 読みながらなぞって、もう何回か書きましょう。

Monday

月曜日

Tuesday

火曜日

Wednesday

水曜日

Thursday

木曜日

Friday

金曜日

Saturday

土曜日

Sunday

日曜日

day

日、一日

week

週

聞く
話す
読む
書く

Monday は「moon［ムーン］（月）の日」、Sunday は「sun［サン］（太陽）の日」という意味があるよ。ほかの曜日の名前の意味についても調べてみよう。

39

## 曜日についてのたずね方と答え方 ②

目標
英語で曜日についてたずねたり、答えたりできるようになりましょう。

🎬動画

♪ a16

### ❶ 曜日のたずね方と答え方

✅言えたらチェック □□□

It's Thursday.
木曜日です。

What day is it today?
今日は何曜日ですか。

3 THURSDAY

✾「今日は何曜日ですか」は、**What day is it today?** と言います。

✾答えるときは、**It's ～.** と言います。「～」の部分に曜日を入れます。

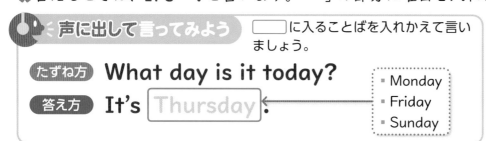

🔊 声に出して言ってみよう 　　　に入ることばを入れかえて言いましょう。

たずね方 **What day is it today?**

答え方 **It's** [ Thursday ]**.**
・Monday
・Friday
・Sunday

➕ちょこっとプラス
曜日を言うとき、天気を言うとき、どちらも It's ～. の形を使います。この It's は It is を短くした形です。

### ❷ ある曜日が好きかのたずね方

✅言えたらチェック □□□

Do you like Tuesdays?
あなたは火曜日は好きですか。

Yes, I do.
はい、好きです。

✾ある曜日が好きかどうかをたずねるときは、**Do you like ～ ?** と言います。

✾「～」に入る曜日は最後に s をつけた形にします。　例　Tuesday → Tuesdays

✾好きなときは **Yes, I do.**、好きではないときは **No, I don't.** で答えます。

🔊 声に出して言ってみよう 　　　に入ることばを入れかえて言いましょう。

たずね方 **Do you like** [ Tuesdays ]**?**
・Wednesdays
・Saturdays

答え方 **Yes, I do. / No, I don't.**

➕ちょこっとプラス
特定の日の曜日について言うときは、s をつけません。好きな曜日は特定の日ではないので、s をつけます。

「今日は何月何日ですか」と日付をたずねるときは、What's the date today? [(フ)ワッツ ザ デイト トゥデイ] と言います。

# 書いて練習のワーク

⭐ 読みながらなぞって、もう1回書きましょう。

What day is it today?

今日は何曜日ですか。

It's Thursday.

木曜日です。

It's Monday.

月曜日です。

Do you like Tuesdays?

あなたは火曜日は好きですか。

Yes, I do.

はい、好きです。

No, I don't.

いいえ、好きではありません。

聞く
話す
読む
書く

 「こよみ」に関することばの英語での言い方を覚えよう。「曜日」は、(the) day of the week〔(ザ) デイ アヴ ザ ウィーク〕と言うよ。「月」は month〔マンス〕、「年」は year〔イア〕と言うよ。

41

何曜日に何をするかの言い方 ①

# きほんのワーク

目標

行動を表すさまざまなことばを英語で言えるようになりましょう。

音声

## 行動に関することばを覚えよう！

⭐リズムに合わせて、声に出して言いましょう。✓言えたらチェック □□□ ♪a17

☐ **play soccer**

サッカーをする

☐ **play tennis**

テニスをする

☐ **play baseball**

野球をする

☐ **play basketball**

バスケットボールをする

☐ **play the piano**

ピアノをひく

☐ **go swimming**

泳ぎに行く

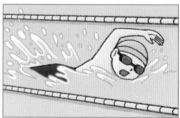

☐ **study English**

英語を勉強する

☐ **study hard**

熱心に勉強する

☐ **clean my room**

部屋をそうじする

### ワードボックス

♪a18

☐ play volleyball　バレーボールをする　☐ play with my friends　友だちと遊ぶ

☐ study math　算数を勉強する　☐ study science　理科を勉強する　☐ after school　放課後

### ことば解説

play には「（スポーツを）する」「（楽器を）えんそうする」という意味があります。あとの意味の場合は、楽器の前に the をつけます。　例　play the guitar［プレイ ザ ギター］（ギターをひく）

# 書いて練習のワーク

⭐ 読みながらなぞって、もう1回書きましょう。

play soccer

サッカーをする

play baseball

野球をする

play the piano

ピアノをひく

study hard

熱心に勉強する

clean my room

部屋をそうじする

 play baseball のように「（スポーツを）する」と言うときは play を使うけれど、do を使うこともあるよ。
例　do judo（柔道をする）、do karate（空手をする）、do kendo（剣道をする）

**43**

**勉強した日〉　月　日**

**目標**

何曜日に何をするか英語で言ったり、たずねたりできるようになりましょう。

**動画**

♪a19

## ① 何曜日に何をするかの言い方

☑言えたらチェック □□□

**I study English on Mondays.**
わたしは月曜日に英語を勉強します。

❁何曜日に何をするかを言うときは、**I 〜 on〈曜日〉.** と言います。

❁「〜」の部分にすることを入れます。

**声に出して言ってみよう** □に入ることばを入れかえて言いましょう。

I | study English | on | Mondays |.
・play the piano　・go swimming
・Tuesdays
・Saturdays

**＋ちょこっとプラス**

〈on＋曜日〉は「〜曜日に」という意味です。この場合、曜日は、ふつう最後に s をつけます。

## ② 何曜日に何をするかのたずね方

☑言えたらチェック □□□

**Do you play baseball on Fridays?**
あなたは金曜日に野球をしますか。

**Yes, I do.**
はい、します。

❁ある曜日にあることをするかどうかをたずねるときは、**Do you 〜 on〈曜日〉?** と言います。

❁するときは **Yes, I do.**、しないときは **No, I don't.** と答えます。

**声に出して言ってみよう** □に入ることばを入れかえて言いましょう。

たずね方 **Do you** | play baseball | **on** | Fridays |**?**
・study math　・play soccer
・Thursdays
・Sundays

答え方 **Yes, I do. / No, I don't.**

**表現べんり帳**

〈play＋スポーツ〉、〈study＋教科〉の表現
例　play tennis
　　（テニスをする）
　　study English
　　（英語を勉強する）

 **ステップアップ**　〈on＋曜日〉で表すとき、曜日の最後に s をつけないこともあります。大きなちがいはありませんが、s をつけたほうが「（毎週）〜曜日に」と習慣をより強調する言い方になります。

# 書いて練習のワーク

☆ 読みながらなぞって、もう1回書きましょう。

I study English on Mondays.

わたしは月曜日に英語を勉強します。

I play the piano on Tuesdays.

わたしは火曜日にピアノをひきます。

Do you play baseball on
Fridays?

あなたは金曜日に野球をしますか。

Yes, I do.

はい、します。

No, I don't.

いいえ、しません。

聞く
話す
読む
書く

英語の
トビラ
英語で、「今日」は today、「日」は day だったね。「昨日」は yesterday［イェスタデイ］、「明日」は tomorrow
［トゥモーロウ］、「あさって」は the day after tomorrow［ザ デイ アフタァ トゥモーロウ］と言うよ。

聞いて練習のワーク

答え 3ページ

① 音声を聞いて、英語に合う絵を下から選んで、記号を（　）に書きましょう。

♪ t09

(1) (　　　　)　　(2) (　　　　)　　(3) (　　　　)　　(4) (　　　　)

ア

イ

ウ

エ

② 音声を聞いて、それぞれの人が何曜日に何をするのか、表の（　）に日本語で書きましょう。

♪ t10

| | 曜日 | すること |
|---|---|---|
| (1) Yuki | (　　　　) | (　　　　　　　　　　　) |
| (2) Ken | (　　　　) | (　　　　　　　　　　　) |
| (3) Emi | (　　　　) | (　　　　　　　　　　　) |
| (4) Taku | (　　　　) | (　　　　　　　　　　　) |

# まとめのテスト

曜日について話してみよう

とく点

/50点

答え 4 ページ

時間 20 分

**1** 日本語の意味を表す英語を ⬚ から選んで、▭ に書きましょう。

1つ8点〔32点〕

(1) 火曜日

(2) 木曜日

(3) 週

(4) 日、一日

Friday
Thursday
Tuesday
Saturday
day
week

曜日をすべて
正確に書ける
ようになろうね。

**2** 日本語の意味になるように ⬚ から英語を選んで、▭ に書きましょう。

1つ9点〔18点〕

(1) 今日は何曜日ですか。

 day is it today?

(2) わたしは水曜日に部屋をそうじします。

I  my room on Wednesdays.

What　How　study　clean　play

聞く
話す
読む
書く

47

# リーディング レッスン

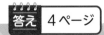
音声

答え 4 ページ

⭐ 音声を聞いて、3回読みましょう。

✔ 言えたらチェック □□□

♪ r01

*Boy:* I play baseball on Sundays.  Do you like baseball?

*Girl:* No, I don't.  But I like tennis.

*Boy:* Me, too.

*Girl:* It's sunny today.  Let's play tennis.

*Boy:* Yes, let's.

boy：男の子　　girl：女の子　　but：しかし　　Me, too.［ミー トゥー］：わたしもです。

48

文章の内容について、次の質問に答えましょう。

(1) 男の子は何曜日に野球をしますか。（　）に日本語で書きましょう。

（　　　　　　　　　　）

(2) 男の子と女の子は何のスポーツをこれからしますか。（　）に日本語で書きましょう。

（　　　　　　　　　　）

(3) 今日の天気はどうですか。下から選び、（　）に記号を書きましょう。

ア　くもっている　　イ　雨である　　ウ　晴れている　　（　　　　）

⭐ 英文をなぞって書きましょう。

I play baseball on Sundays.

Do you like baseball?

No, I don't.

But I like tennis.

Me, too.

It's sunny today.

Let's play tennis.

Yes, let's.

聞く
話す
読む
書く

49

名前　　　　　とく点

/100点

🔊音声

答え　10ページ

1　音声を聞いて答える問題です。質問や問いかけと、その返事のア、イ、ウの３つの文が読まれます。絵を見てあてはまる返事を選んで、（　）に記号を書きましょう。

1つ6点〔24点〕

♪t11

(1)

（　　　　）

(2)

（　　　　）

(3)

（　　　　）

(4)

（　　　　）

2　音声を聞いて答える問題です。４人が英語でスピーチをします。その内容にあてはまる絵をア～エから選び、（　）に記号を書きましょう。音声は２回流れます。

1つ7点〔28点〕

(1) Koji　（　　　　）　　(2) Mai　（　　　　）

♪t12

(3) Takuya　（　　　　）　　(4) Yuka　（　　　　）

ア

イ

ウ

エ

**3** 日本語の意味になるように ____ から英語を選んで、___ に書きましょう。

1つ6点〔24点〕

(1) こんばんは。

## Good _____ .

(2) 立ち上がりなさい。

_____ up.

(3) 走ってはいけません。

_____ run.

(4) あなたは算数が好きですか。

_____ you like math?

| morning |
|---|
| evening |
| Stand |
| Sit |
| Do |
| Don't |

**4** 質問や問いかけに合う答えの英語の文を ____ から選んで、___ に書きましょう。

1つ8点〔24点〕

(1) Let's play tag.

_____

(2) How's the weather in China?

_____

(3) What day is it today?

_____

No, I don't. / No, let's not. / No, I'm not.
It's rainy. / It's Sunday.

時刻の言い方とたずね方

# きほんのワーク

目標

英語で時刻を言ったり、たずねたりできるようになりましょう。

動画

♪a20

## ① 時刻の言い方

✓言えたらチェック □□□

It's 8 a.m.
午前8時です。

✿ 時刻は、It's 〜. と言います。「〜」の部分に、時刻を入れます。

✿「時刻」は、〈時間〉〈分〉の順で言います。「8時」は eight、「9時30分」は nine thirty のように言います。また、「午前」は a.m.、「午後」は p.m. で表します。

🔊 **声に出して言ってみよう** □□に入ることばを入れかえて言いましょう。

It's 8 a.m. ←

・11:15 a.m.　・4 p.m.　・6:30 p.m.

➕ちょこっとプラス

a.m. と p.m. は、ラテン語の ante meridiem、post meridiem を短くしたことばです。

## ② 時刻のたずね方と答え方

✓言えたらチェック □□□

What time is it?
何時ですか。

It's 5 p.m.
午後5時です。

✿「何時ですか」とたずねるときは、What time is it? と言います。

✿ 答えるときは、①で学習したように It's 〜. と言います。

🔊 **声に出して言ってみよう** □□に入ることばを入れかえて言いましょう。

たずね方 **What time is it?**

答え方 **It's 5 p.m.** ←

・7 p.m.　・9:30 a.m.
・10:15 a.m.

➕ちょこっとプラス

a.m., p.m. は、どちらも時刻を表す数字のあとに置きます。
○ 5 a.m., 6 p.m.
× a.m. 5, p.m. 6

「〜時（ちょうど）」を表すときは、o'clock［オクラック］を使うことがあります。　例　3 o'clock（3時）
この o'clock を使うとき、a.m. や p.m. はいっしょに使わないので注意しましょう。

# 書いて練習のワーク

⭐ 読みながらなぞって、何回か書きましょう。

It's 8 a.m.

午前 8 時です。

It's 4 p.m.

午後 4 時です。

What time is it?

何時ですか。

It's 5 p.m.

午後 5 時です。

It's 3 o'clock.

3 時（ちょうど）です。

時刻をたずねるときは、What time is it? 以外にも言い方があるよ。たとえば、Do you have the time? などでもたずねることもできるんだ。

時刻と日課の言い方 ①

# きほんのワーク

## 日課を表すことばを覚えよう！

⭐ リズムに合わせて、声に出して言いましょう。 ✓言えたらチェック ☐☐☐ ♪a21

☐ **Wake-up Time**
起きる時間

☐ **Breakfast Time**
朝食の時間

☐ **Study Time**
勉強の時間

☐ **Lunch Time**
昼食の時間

☐ **Snack Time**
おやつの時間

☐ **Homework Time**
宿題の時間

☐ **Dinner Time**
夕食の時間

☐ **Bath Time**
おふろの時間

☐ **Bed Time**
ねる時間

### Word ワードボックス
♪a22

☐ Dream Time　ねむっている時間　　☐ London　ロンドン
☐ San Francisco　サンフランシスコ　　☐ New York　ニューヨーク

### ことば解説

都市名を書くときは、国名と同様に、文の途中であっても最初の文字は必ず大文字にします。
例　I like London.（わたしはロンドンが好きです）

# 書いて練習のワーク

⭐ 読みながらなぞって、もう1回書きましょう。

Wake-up Time

　起きる時間

Study Time

　勉強の時間

Lunch Time

　昼食の時間

Snack Time

　おやつの時間

Homework Time

　宿題の時間

Bath Time

　おふろの時間

Bed Time

　ねる時間

 breakfast（朝食）と lunch（昼食）をかねた食事のことを brunch［ブランチ］（ブランチ）と言うよ。これは、breakfast と lunch を合成してできたことばなんだ。

## 時刻と日課の言い方 ②

♪ a23

---

### 1 ある場所の時刻の言い方

☑ 言えたらチェック □□□

> It's 9 p.m. in London.
> ロンドンは午後9時です。

✿ ある場所の時刻を言うときは、**It's 〜 in 〈場所〉.** と言います。

🔑 **声に出して言ってみよう** ◯◯に入ることばを入れかえて言いましょう。

It's [ 9 p.m. ] in [ London ].
・10 a.m.  ・11 a.m.  ・5:30 p.m.
・Tokyo
・New York
・San Francisco

**表現べんり帳**
in 〜 の形で午前・午後を表すことがあります。
例 in the morning
（午前(中)に）
in the afternoon
（午後に）

---

### 2 何をする時間かの言い方

☑ 言えたらチェック □□□

> It's 7 a.m.
> 午前7時です。

> It's "Breakfast Time."
> 「朝食の時間」です。

✿ 何をする時間かを言うときも、**It's 〜.** で表すことができます。

✿ 「〜」の部分には、**Breakfast Time** などのことばを入れます。

🔑 **声に出して言ってみよう** ◯◯に入ることばを入れかえて言いましょう。

It's [ 7 a.m. ]  ・2:30 p.m.  ・8:30 p.m.
It's " [ Breakfast Time ] ."  ・Study Time  ・Bath Time

💡 **思い出そう**
It's 〜. は、曜日や天気を言うときにも使います。
例 It's Monday.
（月曜日です）
It's sunny today.
（今日は晴れています）

---

ステップアップ ある場所の時刻をたずねたいときは、What time is it in 〜? と言います。「〜」に場所を入れます。
例 What time is it in New York?（ニューヨークは何時ですか）

# 書いて練習のワーク

⭐ 読みながらなぞって、もう 1 回書きましょう。

It's 9 p.m. in London.

ロンドンは午後 9 時です。

It's 11 a.m. in New York.

ニューヨークは午前 11 時です。

It's "Breakfast Time."

「朝食の時間」です。

It's "Study Time."

「勉強の時間」です。

It's "Bath Time."

「おふろの時間」です。

聞く
話す
読む
書く

 英語のトビラ Do you have the time? は「何時ですか」という意味だったね（53 ページ）。では、Do you have time? は？
→ この意味は「あなたは時間がありますか」だよ。the がつかないと意味がちがってくるので注意してね。

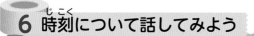

# 聞いて練習のワーク

できた数

/7問中

答え 4ページ

① 音声を聞いて、英語に合う絵を下から選んで、記号を（ ）に書きましょう。

 t13

(1) （　　） (2) （　　） (3) （　　） (4) （　　）

ア

イ

ウ

エ

② 音声を聞いて、それぞれの時刻にすることを線で結びましょう。

 t14

(1)

 ・

(2)

 ・

(3)

 ・

# まとめのテスト

## 時刻について話してみよう

とく点

/50点

時間 **20** 分

答え　5ページ

**1** 日本語の意味を表す英語を線で結びましょう。　　1つ6点〔30点〕

(1) 起きる時間　　　・　　　　　　　・ Snack Time

(2) ねる時間　　　　・　　　　　　　・ Wake-up Time

(3) おふろの時間　　・　　　　　　　・ Bed Time

(4) おやつの時間　　・　　　　　　　・ Study Time

(5) 勉強の時間　　　・　　　　　　　・ Bath Time

**2** 日本語の意味を表す英語の文を ⌐⌐⌐ から選んで、▭ に書きましょう。

1つ10点〔20点〕

(1) 何時ですか。

(2) ニューヨークは午後 4 時です。

```
What day is it today?
What time is it?
It's 4 a.m. in New York.
It's 4 p.m. in New York.
```

**目標**

文具や身の回りのものを表すことばを英語で言えるようになりましょう。

🔊 音声

## 持ち物の言い方とたずね方 ①

# きほんのワーク

### 文具・身の回りのものを表すことばを覚えよう！

⭐ リズムに合わせて、声に出して言いましょう。　✓ 言えたらチェック □□□□　♪ a24

☐ **notebook**
ノート　★notebooks

☐ **pencil** ★pencils
えんぴつ

☐ **pen** ★pens
ペン

☐ **marker** ★markers
マーカー

☐ **eraser** ★erasers
消しゴム

☐ **pencil case**
筆箱　★pencil cases

☐ **ruler** ★rulers
定規（じょうぎ）

☐ **glue**
のり

☐ **stapler**
ホッチキス　★staplers

📦 **ワードボックス**　♪ a25

☐ textbook(s)　教科書　　☐ map(s)　地図　　☐ calendar(s)　カレンダー　　☐ desk(s)　つくえ

☐ pencil sharpener(s)　えんぴつけずり　　☐ scissors　はさみ　　☐ chair(s)　いす

😀 **発音コーチ**

notebook は［ノウトゥブク］、pencil は［ペンスル］と発音します。「ノートブック」や「ペンシル」とならないように気をつけましょう。

★…2つ以上のときの形

# 書いて練習のワーク

⭐ 読みながらなぞって、もう1〜2回書きましょう。

notebook

ノート

pen

ペン

marker

マーカー

eraser

消しゴム

pencil case

筆箱

ruler

定規

glue

のり

stapler

ホッチキス

 英語の トビラ 日本語の「ホッチキス」は、これを発明した人の名前（ベンジャミン・バークリー・ホッチキス）に由来すると言われているよ。「ホッチキスのはり」は、staple(s)［ステイプル（ズ）］と言うよ。

聞く
話す
読む
書く

## 持ち物の言い方とたずね方 ②

# きほんのワーク

♪ a26

## ① 持ち物の言い方

 言えたらチェック □□□

**I have a notebook.**
わたしはノートを1さつ持っています。

**I don't have a pen.**
わたしはペンを持っていません。

🧩「わたしは〜を持っています」は、**I have 〜.** と言います。

🧩「わたしは〜を持っていません」は、**I don't have 〜.** と言います。

🧩 持ち物が1つの場合は、持ち物の前に **a** や **an** をつけます。

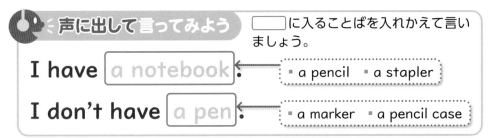

**声に出して言ってみよう** □□に入ることばを入れかえて言いましょう。

**I have** a notebook.
- a pencil ・ a stapler

**I don't have** a pen.
- a marker ・ a pencil case

💡 **思い出そう**
その種類全体のことを言う場合は、最後に s や es をつけます。
例 cats（ネコ）
　 boxes（箱）

## ② 持っているかどうかのたずね方

 言えたらチェック □□□

**Do you have an eraser?**
あなたは消しゴムを持っていますか。

**Yes, I do.**
はい、持っています。

🧩「あなたは〜を持っていますか」とたずねるときは、**Do you have 〜?** と言います。

🧩 持っている場合は **Yes, I do.**、持っていない場合は **No, I don't.** と答えます。

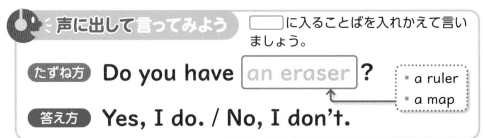

**声に出して言ってみよう** □□に入ることばを入れかえて言いましょう。

たずね方 **Do you have** an eraser **?**
- a ruler ・ a map

答え方 **Yes, I do. / No, I don't.**

➕ **ちょこっとプラス**
日本語の「ア・イ・ウ・エ・オ」に近い音で始まることばの前には a ではなく、an をつけます。
例 an apple、an egg

ステップアップ 「〜と…を持っています」と言うときは、and［アンド］を使います。
　　例　I have a notebook and a pen.（わたしはノート1さつとペン1本を持っています）

# 書いて練習のワーク

⭐ 読みながらなぞって、もう1回書きましょう。

I have a notebook.

わたしはノートを1さつ持っています。

I don't have a pen.

わたしはペンを持っていません。

Do you have a ruler?

あなたは定規を持っていますか。

Do you have an eraser?

あなたは消しゴムを持っていますか。

Yes, I do.

はい、持っています。

No, I don't.

いいえ、持っていません。

聞く
話す
読む
書く

 日本語の「ノート」は英語では notebook と言うよ。英語の note［ノウト］は、「メモ」や「覚え書き」という意味のほかに、「メモをとる」や「書きとめる」という意味もあるよ。

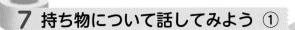

# 聞いて練習のワーク

できた数

／8問中

🔊 音声

答え 5ページ

**1** 音声を聞いて、絵のものを持っていると言っていれば○、持っていないと言って
いれば×を（ ）に書きましょう。　🎵 t15

(1)

（　　　　）

(2)

（　　　　）

(3)

（　　　　）

(4)

（　　　　）

**2** 音声を聞いて、それぞれの人が持っているものを、表の（ ）に日本語で書きま
しょう。　🎵 t16

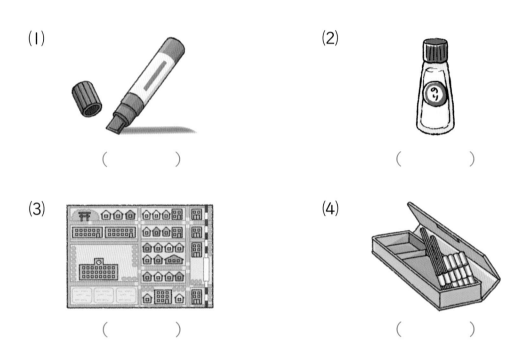

| | 持ち物 |
|---|---|
| (1) Aki | （　　　　　　　　　　） |
| (2) Kota | （　　　　　　　　　　） |
| (3) Mami | （　　　　　　　　　　） |
| (4) Tom | （　　　　　　　　　　） |

# まとめのテスト

持ち物について話してみよう ①

勉強した日 月 日

とく点 /50点

答え 5ページ

時間 20分

**1** 日本語の意味を表す英語を ⸌⸍ から選んで、⸻ に書きましょう。 1つ5点〔20点〕

(1) ノート

(2) はさみ

(3) つくえ

(4) いす

> pencil
> desk
> textbook
> notebook
> chair
> scissors
> ruler

**2** 日本語の意味になるように ⸌⸍ から英語を選んで、⸻ に書きましょう。

1つ10点〔30点〕

(1) わたしは消しゴムを持っています。

I have _____ eraser.

(2) わたしはカレンダーを持っています。

I have _____ calendar.

(3) わたしはペンを持っていません。

I _____ have a pen.

> a    an    do    don't

聞く
話す
読む
書く

持ち物のたずね方と答え方 ①

# きほんのワーク

目標
色を表すことば、1〜60の数を英語で言えるようになりましょう。

音声

## 色を表すことばと数の言い方を覚えよう！

⭐ リズムに合わせて、声に出して言いましょう。 ✓言えたらチェック □□□ ♪a27

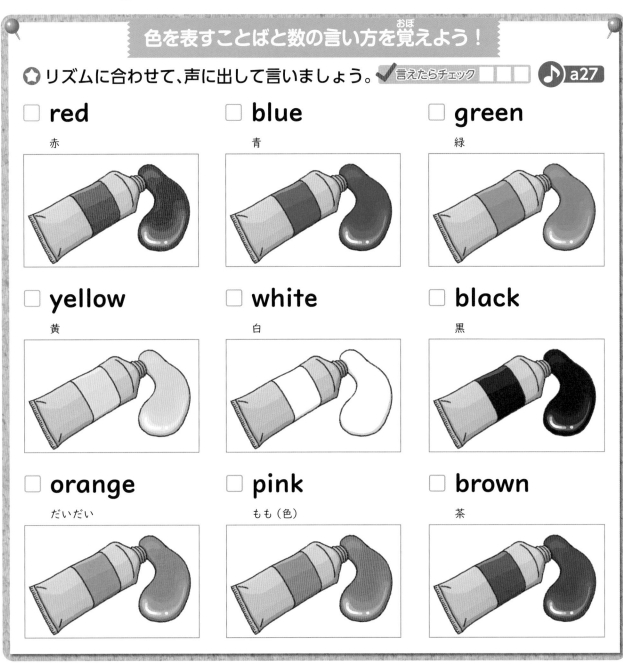

- □ red 赤
- □ blue 青
- □ green 緑
- □ yellow 黄
- □ white 白
- □ black 黒
- □ orange だいだい
- □ pink もも（色）
- □ brown 茶

### ワードボックス ♪a28

- □ color(s) 色  □ purple むらさき
- □ one 1（つの）  □ two 2（つの）  □ three 3（の）  □ four 4（の）  □ five 5（の）  □ six 6（の）
- □ seven 7（の）  □ eight 8（の）  □ nine 9（の）  □ ten 10（の）  □ eleven 11（の）
- □ twelve 12（の）  □ thirteen 13（の）  □ fourteen 14（の）  □ fifteen 15（の）  □ sixteen 16（の）
- □ seventeen 17（の）  □ eighteen 18（の）  □ nineteen 19（の）  □ twenty 20（の）
- □ twenty-one 21（の）  □ thirty 30（の）  □ forty 40（の）  □ fifty 50（の）  □ sixty 60（の）

# 書いて練習のワーク

⭐ 読みながらなぞって、もう何回か書きましょう。

red

赤

blue

青

green

緑

yellow

黄

white

白

black

黒

orange

だいだい

pink

もも（色）

 聞く 話す

brown

読む 書く

茶

---

 英語のトビラ 「青」に関することばの使い方は日本語と英語ではちがうことがあるよ。たとえば、「青信号」は green light ［グリーン ライト］、「青葉」は green leaves ［グリーン リーヴズ］のように、英語では green を使うよ。

**8 持ち物について話してみよう ②**

目標
英語で持ち物を言ったり、たずねたりできるようになりましょう。

## 持ち物のたずね方と答え方 ②

# きほんのワーク

♪ a29

## 1 持ち物の言い方

☑ 言えたらチェック ☐☐☐

**I have red pens.**
わたしは赤いペンを持っています。

✿ 持ち物の色について言うときは、「色」→「物」の順で言います。

✿ 持ち物が2つ以上のときは、物を表すことばに s や es をつけます。

**声に出して言ってみよう**　☐に入ることばを入れかえて言いましょう。

I have red pens.

- a blue pencil
- green markers
- pink staplers

➕ ちょこっとプラス
「物」の様子を表すことばも、「物」を表すことばの前に置きます。
例 a big dog
（大きい犬）

## 2 何を持っているかのたずね方

☑ 言えたらチェック ☐☐☐

**What do you have in your bag?**
あなたはかばんの中に何を持っていますか。

**I have two notebooks.**
わたしはノートを2さつ持っています。

✿ 「あなたは〜（の中）に何を持っていますか」は、**What do you have in 〜?** と言います。

✿ 答えるときは、**I have 〜.**（わたしは〜を持っています）と言います。

✿ 持っている数を答えるときは、「数」→「物」の順で言います。

**声に出して言ってみよう**　☐に入ることばを入れかえて言いましょう。

たずね方 **What do you have in your bag ?**

- three markers
- six rulers

- your pencil case
- your box

答え方 **I have two notebooks.**

📓 表現べんり帳
物の数と色について言うときは、数→色→物の順で言います。
例 a[one] white cap
（1つの白いぼうし）
two red boxes
（2つの赤い箱）

ステップアップ 「AとBとCを持っています」と言うときは、I have A, B, and C. の形を使います。
例 I have a book, a pen, and an eraser.（わたしは本1さつ、ペン1本、消しゴム1こを持っています）

# 書いて練習のワーク

☆ 読みながらなぞって、もう1回書きましょう。

I have red pens.

わたしは赤いペンを持っています。

I have green markers.

わたしは緑のマーカーを持っています。

What do you have in
your bag?

あなたはかばんの中に何を持っていますか。

I have two notebooks.

わたしはノートを2さつ持っています。

 持っているものが4種類以上のときは、次のように言うよ。and を使うことは同じなんだ。例 I have a book, a pen, an eraser, and a ruler.（わたしは本1さつ、ペン1本、消しゴム1こ、そして定規1本を持っています）

目標
英語で持ち物の数をたずねたり、答えたりできるようになりましょう。

▶動画

持ち物のたずね方と答え方 ③

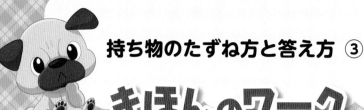

♪a30

## 1 持ち物の数のたずね方

☑言えたらチェック □□□

**How many notebooks do you have?**
あなたはノートを何さつ持っていますか。

❀ 持ち物の数についてたずねるときは、How many 〜 do you have? と言います。

❀「〜」には数をたずねたい「物」を入れます。このとき、物を表すことばには必ず s や es をつけます。

🔊 声に出して言ってみよう 　□に入ることばを入れかえて言いましょう。

How many notebooks do you have?
・staplers　・pencil cases　・pens

💡 思い出そう
天気をたずねる how
例 How's the weather?
（天気はどうですか）
It's cloudy.
（くもりです）

## 2 持ち物の数の答え方

☑言えたらチェック □□□

**How many red caps do you have?**
あなたは赤いぼうしをいくつ持っていますか。

**Three.**
3つです。

❀ 持ち物の数についてたずねられたら、**具体的な数**を答えます。Yes, No では答えません。

🔊 声に出して言ってみよう 　□に入ることばを入れかえて言いましょう。

たずね方 How many red caps do you have?
答え方 ・Five　・Six　・Ten
Three.
・pink markers
・black pencils
・green pens

➕ ちょこっとプラス
持ち物の数についてたずねられたとき、I have 〜. で答えることもできます。
例 How many red caps do you have?
— I have three.

ステップアップ how は、How about you?〔ハウ　アバウト　ユー〕の形で相手に意見や感想をたずねるときにも使います。
例 I have two dogs. How about you?（わたしはイヌを2ひきかっています。あなたはどうですか）

# 書いて練習のワーク

☆ 読みながらなぞって、もう1～2回書きましょう。

How many notebooks
do you have?

あなたはノートを何さつ持っていますか。

How many red caps
do you have?

あなたは赤いぼうしをいくつ持っていますか。

Three.

3つです。

Five.

5つです。

I have six.

わたしは6つ持っています。

🎧 聞く
🎤 話す
📖 読む
✏️ 書く

 英語のトビラ 長さを表す単位に mile［マイル］（マイル）があるね。1マイルは約1.6キロメートルを表すよ。inch［インチ］（インチ）も長さを表す単位で、1インチは約2.5センチメートルだよ。

71

## 8 持ち物について話してみよう ②

# 聞いて練習のワーク

答え 6ページ

🔊音声

**1** 音声を聞いて、英語に合う絵を下から選んで、記号を（ ）に書きましょう。

♪ t17

(1)（　　） (2)（　　） (3)（　　） (4)（　　）

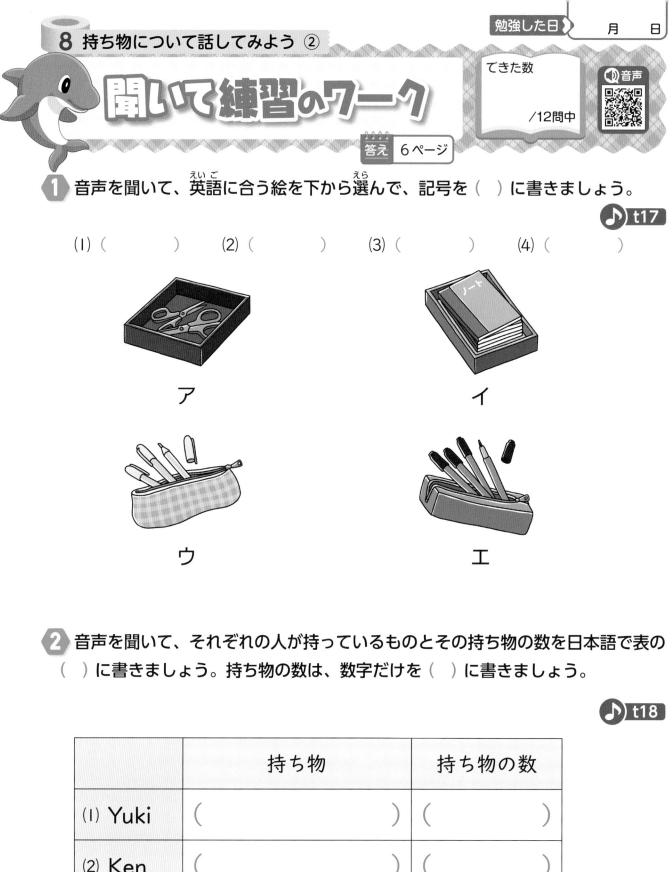

ア

イ

ウ

エ

**2** 音声を聞いて、それぞれの人が持っているものとその持ち物の数を日本語で表の（ ）に書きましょう。持ち物の数は、数字だけを（ ）に書きましょう。

♪ t18

|  | 持ち物 | 持ち物の数 |
|---|---|---|
| (1) Yuki | （　　　　　　） | （　　　　　） |
| (2) Ken | （　　　　　　） | （　　　　　） |
| (3) Emi | （　　　　　　） | （　　　　　） |
| (4) Taku | （　　　　　　） | （　　　　　） |

# まとめのテスト

## 持ち物について話してみよう ②

とく点

/50点

答え 6ページ

時間 20分

**1** 英語の意味を表す日本語を ┊┄┄┊ から選んで、（ ）に書きましょう。

1つ5点〔20点〕

(1) black　　　（　　　　　　　　）

(2) brown　　　（　　　　　　　　）

(3) purple　　（　　　　　　　　）

(4) pink　　　（　　　　　　　　）

┊ 黒
白
茶
むらさき
もも（色）┊

いろいろな色の
英語での言い方を
覚えてね。

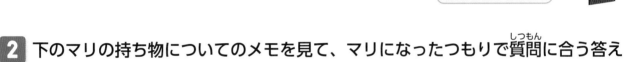

**2** 下のマリの持ち物についてのメモを見て、マリになったつもりで質問に合う答えの英語の文を ┊┄┄┊ から選んで、◻️ に書きましょう。

1つ15点〔30点〕

(1) What do you have in your box?

(2) How many white hats do you have?

I have orange pens.
I have yellow pens.
I have six.
I have two.

〈持ち物のメモ〉
・箱の中に黄色のペンを入れている
・白いかさを 2 本持っている
・白いぼうしを 6 つ持っている
・黄色のかばんを 2 つ持っている

ほしいものの言い方とたずね方 ①

## きほんのワーク

**目標**

野菜や食べ物を表すことばを英語で言えるようになりましょう。

🔊音声

### 野菜を表すことばを覚えよう！

⭐ リズムに合わせて、声に出して言いましょう。✔言えたらチェック ☐☐☐ ♪a31

☐ **onion** ★onions

タマネギ

☐ **carrot** ★carrots

ニンジン

☐ **corn**

トウモロコシ

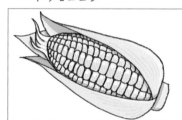

☐ **cabbage** ★cabbages

キャベツ

☐ **tomato** ★tomatoes

トマト

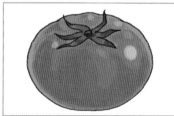

☐ **potato** ★potatoes

ジャガイモ

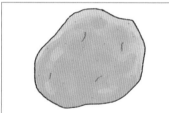

☐ **cucumber** ★cucumbers

キュウリ

☐ **mushroom** ★mushrooms

キノコ

☐ **green pepper** ★green peppers

ピーマン

### ワードボックス ♪a32

☐ vegetable(s) 野菜　　☐ salad(s) サラダ　　☐ pizza ピザ

☐ sandwich(es) サンドイッチ　　☐ sausage(s) ソーセージ

### ことば解説

物が2つ以上あることを表すとき、多くのことばは最後にsをつけます。例 onions、carrots

最後に es をつけることばもあります。例 tomatoes、potatoes、peaches（76ページで学習）

★…2つ以上のときの形

# 書いて練習のワーク

☆ 読みながらなぞって、何回か書きましょう。

onion

タマネギ

carrot

ニンジン

corn

トウモロコシ

cabbage

キャベツ

tomato

トマト

potato

ジャガイモ

cucumber

キュウリ

mushroom

キノコ

green pepper

ピーマン

「サラダを作る」は、英語では make a salad［メイク ァ サラド］と言うよ。「（料理を）作る」の意味で cook［クック］もあるけれど、cook は火を使って料理を作るときに使うんだ。

**目標**
くだものや食べ物を表すことばを英語で言えるようになりましょう。

🔊音声

## ほしいものの言い方とたずね方 ②

# きほんのワーク

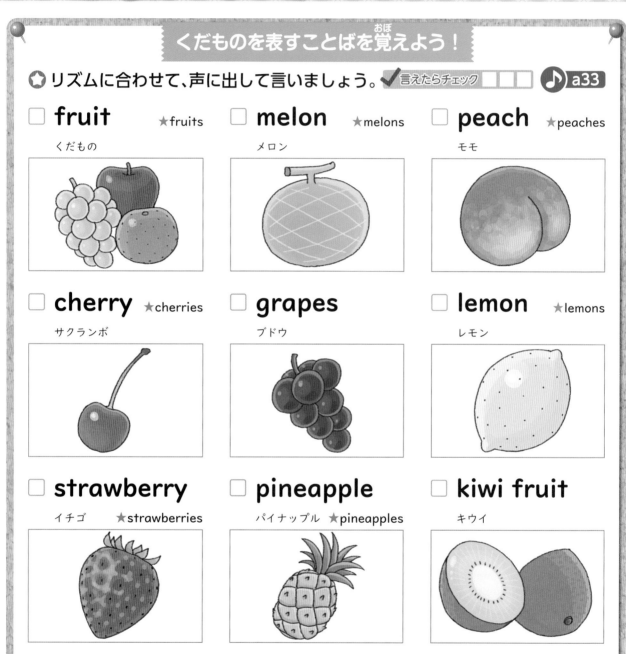

### くだものを表すことばを覚えよう！

⭐ リズムに合わせて、声に出して言いましょう。　✔ 言えたらチェック ☐☐☐　♪a33

☐ **fruit** ★fruits
くだもの

☐ **melon** ★melons
メロン

☐ **peach** ★peaches
モモ

☐ **cherry** ★cherries
サクランボ

☐ **grapes**
ブドウ

☐ **lemon** ★lemons
レモン

☐ **strawberry** ★strawberries
イチゴ

☐ **pineapple** ★pineapples
パイナップル

☐ **kiwi fruit**
キウイ

---

**ワードボックス**

♪a34

☐ ice cream　アイスクリーム　　☐ vanilla ice cream　バニラアイスクリーム

☐ parfait(s)　パフェ　　☐ colorful　色とりどりの

**とば解説**

2つ以上あることを表すとき、最後の y を i にかえて es をつけることばもあります。

例　cherry → cherries、strawberry → strawberries

★…2つ以上のときの形

# 書いて練習のワーク

⭐読みながらなぞって、もう何回か書きましょう。

fruit

くだもの

melon

メロン

peach

モモ

cherry

サクランボ

grapes

ブドウ

lemon

レモン

strawberry

イチゴ

pineapple

パイナップル

聞く
話す
読む
書く

kiwi fruit

キウイ

kiwi fruit はくだものをさすけれど、fruit をつけず kiwi だけだと「キウイ」というニュージーランドの国鳥のことをさすこともあるよ。キウイはニュージーランドだけにいる飛べない鳥なんだよ。

**目標**

英語でほしいものを言ったり、たずねたりできるようになりましょう。

動画

## ほしいものの言い方とたずね方 ③

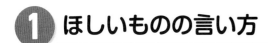
# きほんのワーク

♪ a35

---

### ① ほしいものの言い方

☑ 言えたらチェック ☐☐☐

**I want two tomatoes.**
わたしはトマトが2こほしいです。

**Here you are.**
はい、どうぞ。

❀ 「わたしは〜がほしいです」は、**I want 〜.** と言います。

❀ 「〜」にほしいものを入れます。ほしいものが2つ以上（いじょう）のときは、**s** や **es** をつけます。また、「〜こ」のように数を言うときは、ものの前に数を表す語をつけます。

📝 **表現べんり帳**

相手から Here you are. と言われてものをわたされたら、Thank you.（ありがとう）とお礼を言いましょう。

🔊 **声に出して言ってみよう**　　☐に入ることばを入れかえて言いましょう。

**I want** two tomatoes **.**

- a carrot　・ four onions
- grapes　・ three melons

---

### ② ほしいもののたずね方と答え方

☑ 言えたらチェック ☐☐☐

**What do you want?**
あなたは何がほしいですか。

**I want three lemons.**
わたしはレモンが3こほしいです。

❀ 「あなたは何がほしいですか」とたずねるときは、**What do you want?** と言います。

❀ 答えるときは、**I want 〜.**（わたしは〜がほしいです）と言います。

🔊 **声に出して言ってみよう**　　☐に入ることばを入れかえて言いましょう。

**たずね方 What do you want?**

**答え方 I want** three lemons **.**

- a peach
- five onions
- six apples
- cherries

💡 **思い出そう**

what は「何（の）」の意味です。what 〜の形でたずねることもできます。
what color（何色）
what subject（何の教科）
what animal（何の動物）

---

ステップアップ

「あなたは〜がほしいですか」は、Do you want 〜? と言います。答えるときは、Yes または No で言います。
例　Do you want fruit?（あなたはくだものがほしいですか）— No, I don't.（いいえ、ほしくありません）

# 書いて練習のワーク

⭐ 読みながらなぞって、もう１回書きましょう。

## I want two tomatoes.

わたしはトマトが２こほしいです。

## I want a carrot.

わたしはニンジンが１本ほしいです。

## I want grapes.

わたしはブドウがほしいです。

## What do you want?

あなたは何がほしいですか。

## I want three lemons.

わたしはレモンが３こほしいです。

聞く 話す 読む 書く

 「〜がほしい」ということを伝えるとき、I want 〜. のかわりに I'd like［アイド ライク］〜. を使うとていねいな言い方になるよ（I'd は I would［アイ ウッド］を短くした言い方）。　例　I'd like three lemons.

**9 ほしいものについて話してみよう**

# 聞いて練習のワーク

できた数

/7問中

◀)) 音声

答え 6ページ

❶ 音声を聞いて、英語に合う絵を下から選んで、記号を（　）に書きましょう。

♪ t19

(1) （　　　　）　　(2) （　　　　）　　(3) （　　　　）　　(4) （　　　　）

ア

イ

ウ

エ

❷ 音声を聞いて、それぞれの人がほしい野菜の種類を線で結びましょう。 ♪ t20

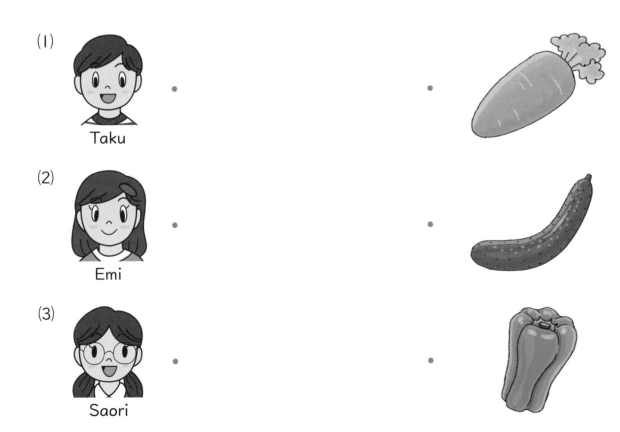

(1)

Taku

(2)

Emi

(3)

Saori

勉強した日　月　日

まとめのテスト

ほしいものについて話してみよう

とく点

／50点

答え　7ページ

時間 20分

**1** 日本語の意味を表す英語を線で結びましょう。　　　　　　　1つ5点〔20点〕

(1) くだもの　　・　　　　　　　　　　・ corn

(2) 野菜　　　　・　　　　　　　　　　・ fruit

(3) ブドウ　　　・　　　　　　　　　　・ vegetable

(4) トウモロコシ・　　　　　　　　　　・ grapes

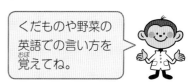

くだものや野菜の
英語での言い方を
覚えてね。

**2** 日本語の意味になるように　　から英語を選んで、　　に書きましょう。

1つ10点〔30点〕

(1) あなたは何がほしいですか。

　　　　　　do you want?

(2) 〔(1)への返事として〕　わたしはモモが3こほしいです。

I want three　　　　　　.

(3) 〔(2)への返事として〕　はい、どうぞ。

　　　　　　you are.

How　　What　　Here　　Do　　peach　　peaches

聞く
話す
読む
書く

**81**

# リーディング レッスン

答え 7ページ

⭐ 音声を聞いて、3回読みましょう。　　　✓ 言えたらチェック ☐☐☐　♪ r02

*Girl:* **What do you have in your pencil case?**

*Boy:* **I have pencils, markers, and erasers.**

*Girl:* **How many markers?**

*Boy:* **I have three.  Red, yellow, and blue.**

　　　 **Do you want a marker?**

*Girl:* **Yes.  I want a yellow marker.**

文章の内容について、次の質問に答えましょう。

(1) 男の子の筆箱の中に入っているマーカー以外の文具をすべて下から選び、（　）に記号を書きましょう。

　　ア　定規　　イ　消しゴム　　ウ　ペン　　エ　えんぴつ　　　　　（　　　　　）

(2) 男の子はマーカーを何本持っていますか。（　）にその数を数字で書きましょう。

　　（　　　　　）本

(3) 女の子がほしいマーカーの色は何色ですか。（　）にその色を漢字一字で書きましょう。

　　（　　　　）

☆英文をなぞって書きましょう。

What do you have in your

pencil case?

I have pencils, markers,

and erasers.

How many markers?

I have three.

Do you want a marker?

I want a yellow marker.

聞く　話す　読む　書く

答え　11 ページ

### 実力判定テスト 冬休みのテスト ❄

時間 **30**分

名前 ／ とく点

／100点

🔊音声

**1** 音声を聞いて答える問題です。質問や問いかけと、その返事のア、イ、ウの3つの文が読まれます。絵を見てあてはまる返事を選んで、（　）に記号を書きましょう。

1つ5点〔20点〕

♪**t21**

(1) （　　　　）

(2) （　　　　）

(3) （　　　　）

(4) （　　　　）

**2** 音声を聞いて答える問題です。カズキが自分の一日についてスピーチをします。（　）に時刻や日課を書いて、表を完成させましょう。音声は2回流れます。

1つ6点〔36点〕

♪**t22**

| 時　刻 | 日　課 |
|---|---|
| （　　　　　） | 起きる時間 |
| 11 a.m. | （　　　　　　　　　） |
| 4 p.m. | （　　　　　　　　　） |
| 6 p.m. | （　　　　　　　　　） |
| （　　　　　） | おふろの時間 |
| 10 p.m. | （　　　　　　　　　） |

**3** 日本語の意味になるように[____]から英語を選んで、[___]に書きましょう。

1つ5点〔20点〕

(1) 午前8時です。

[_____] 8 a.m.

(2) わたしはペンを1本持っています。

I [_____] a pen.

(3) わたしはかばんが1つほしいです。

I [_____] a bag.

(4) 〔ものを手わたすとき〕はい、どうぞ。

Here [_____] are.

I
It's
you
like
want
have
do
don't

**4** 質問や問いかけに合う答えの英語の文を[____]から選んで、[___]に書きましょう。

1つ8点〔24点〕

(1) Do you have a stapler?

[_____]

(2) How many pencils do you have?

[_____]

(3) What time is it?

[_____]

Yes, I am. / Yes, I do. / I want a cap.
I have five. / It's 3 p.m. / It's rainy.

# 10 学校を案内しよう

## 学校の中の案内のしかた ①

**目標**
学校にあるものを表すことばを英語で言えるようになりましょう。

音声

# きほんのワーク

**学校にあるものを表すことばを覚えよう！**

⭐ リズムに合わせて、声に出して言いましょう。 ✓言えたらチェック □□□ ♪a36

□ **classroom**

教室　★classrooms

□ **restroom**

トイレ　★restrooms

□ **library**

図書室　★libraries

□ **music room**

音楽室　★music rooms

□ **science room**

理科室　★science rooms

□ **computer room**

★computer rooms
コンピューター室

□ **teachers' office**

職員室　★teachers' offices

□ **playground**

運動場　★playgrounds

□ **gym**　★gyms

体育館

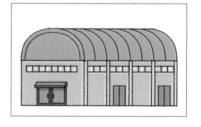

## ワードボックス

♪a37

□ entrance(s)　入り口
□ cooking room(s)　調理室
□ lunch room(s)　昼食室
□ school office(s)　学校事務室
□ school principal's office(s)　校長室
□ school nurse's office(s)　保健室
□ favorite　お気に入りの
□ next　次の
□ go to 〜　〜へ行く
□ go straight　まっすぐに行く
□ turn right　右に曲がる
□ turn left　左に曲がる

★…2つ以上のときの形

# 書いて練習のワーク

⭐ 読みながらなぞって、もう何回か書きましょう。

classroom

教室

restroom

トイレ

library

図書室

gym

体育館

music room

音楽室

science room

理科室

computer room

コンピューター室

聞く
話す
読む
書く

アメリカでは、restroom は公共の建物などの中にあるトイレのことをさすよ。家庭にあるトイレは、ふつう
bathroom［バスル（ー）ム］と言うことが多いよ。

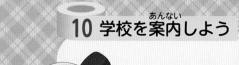

学校の中の案内のしかた ②

# きほんのワーク

**目標**

英語で校内の場所を言ったり、案内したりできるようになりましょう。

 動画

♪ a38

## ① 校内のお気に入りの場所の言い方

✓言えたらチェック □□□

**This is the gym.**
こちらは体育館です。

**My favorite place is the gym.**
わたしのお気に入りの場所は体育館です。

✿「こちらは～です」は、**This is ～.** と言います。

✿「わたしのお気に入りの場所は～です」は、**My favorite place is ～.** と言います。

✿ どちらの文も「～」の部分に場所を表すことばを入れます。

### 🔊 声に出して言ってみよう
□に入ることばを入れかえて言いましょう。

**This is the** gym **.**

**My favorite place is the** gym **.**

- library
- playground
- science room

### ➕ ちょこっとプラス

This is ～. は人をしょうかいするときにも使います。
例　This is Aya.
（こちらはアヤです）

## ② 場所を案内するときの言い方

✓言えたらチェック □□□

**Go straight. Turn right at the music room.**
まっすぐに行ってください。
音楽室を右に曲がってください。

✿「まっすぐに行ってください」は、**Go straight.** と言います。

✿「～を右［左］に曲がってください」は、**Turn right [left] at ～.** と言います。

### 🔊 声に出して言ってみよう
□に入ることばを入れかえて言いましょう。

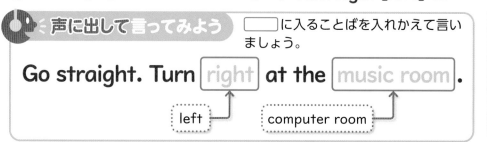

**Go straight. Turn** right **at the** music room **.**

- left
- computer room

### ➕ ちょこっとプラス

「右［左］に曲がって、まっすぐに行ってください」の言い方
Turn right[left] and go straight.

**ステップアップ**　場所を案内するとき、You can find［ユー キャン ファインド］～.（～があります）を使うことがあります。
例　Turn left. You can find the restroom.（左に曲がってください。トイレがあります）

# 書いて練習のワーク

⬢ 読みながらなぞって、もう1回書きましょう。

This is the gym.

こちらは体育館です。

My favorite place is
the gym.

わたしのお気に入りの場所は体育館です。

Go straight.

まっすぐに行ってください。

Turn right at the
music room.

音楽室を右に曲がってください。

 日本の小学校では生徒のクラスごとに決まった教室があるね。アメリカでは、先生がそれぞれの教室を持っていて、生徒は授業ごとに先生の教室に移動するんだよ。

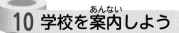 

答え 7ページ

❶ 音声を聞いて、絵の内容と合っていれば〇、合っていなければ×を（ ）に書きましょう。

♪ t23

(1)

（　　　　　）

(2)

（　　　　　）

(3)

（　　　　　）

(4)

（　　　　　）

❷ 音声を聞いて、下の部屋がどこにあるのか下の学校案内図から記号を選んで、（ ）に書きましょう。

♪ t24

(1) 図書室 （　　　　　）　　　(2) 保健室 （　　　　　）

(3) コンピューター室 （　　　　　）

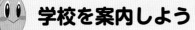

# まとめのテスト

## 学校を案内しよう

勉強した日　月　日

とく点

/50点

答え 8ページ

時間 20分

**1** 日本語の意味を表す英語を線で結びましょう。

1つ5点〔20点〕

(1) 入り口 ・　　　　　　　　　・ school principal's office

(2) 職員室 ・　　　　　　　　　・ science room

(3) 理科室 ・　　　　　　　　　・ teachers' office

(4) 校長室 ・　　　　　　　　　・ entrance

**2** 日本語の意味を表す英語の文を [＿＿] から選んで、＝ に書きましょう。

1つ10点〔30点〕

(1) こちらは音楽室です。

(2) まっすぐに行ってください。

(3) 図書室を右に曲がってください。

```
This is the music room. / This is the classroom.
Go straight. / Go to the gym.
Turn right at the library.
Turn left at the library.
```

自分の一日の行動の言い方 ①

# きほんのワーク

## 一日の行動を表すことばを覚えよう①！

⭐ リズムに合わせて、声に出して言いましょう。 ✔ 言えたらチェック □□□ ♪ a39

□ **get up**

起きる

□ **wash my face**

顔をあらう

□ **brush my teeth**

歯をみがく

□ **go to school**

学校に行く

□ **go home**

家に帰る

□ **do my homework**

宿題をする

□ **take a bath**

ふろに入る

□ **go to bed**

ねる

go を使ったことば
が3つあるね。
まちがえずに
使ってね。

### ことば解説

「歯をみがく」の brush my teeth の teeth は 2 本以上の歯を表しています。
1 本の歯のことは tooth［トゥース］と言います。

### 発音コーチ

teeth［ティース］の「ス」は、舌の先を上の前歯の先に軽くあてて、そのすき間から息をはき出します。日本語の「ス」とはちがうので注意しましょう。

# 書いて練習のワーク

⭐ 読みながらなぞって、書きましょう。

get up

起きる

wash my face

顔をあらう

brush my teeth

歯をみがく

go to school

学校に行く

go home

家に帰る

do my homework

宿題をする

take a bath

ふろに入る

go to bed

ねる

 go to bed の「ねる」という意味は、「ベッドに入る」ということで、実際に「ねむる」ことを意味するのではないよ。実際に「ねむる」ことを表したいときは sleep［スリープ］を使うよ。

**93**

目標

一日の行動を表すことばを英語で言えるようになりましょう。

音声

## 自分の一日の行動の言い方 ②

# きほんのワーク

## 一日の行動を表すことばを覚えよう②！

⭐ リズムに合わせて、声に出して言いましょう。　✓ 言えたらチェック ☐☐☐　♪ a40

☐ **have breakfast**

朝食を食べる

☐ **have lunch**

昼食を食べる

☐ **have dinner**

夕食を食べる

☐ **watch TV**

テレビを見る

☐ **walk my dog**

イヌを散歩させる

☐ **wash the dishes**

皿をあらう

☐ **get the newspaper**

新聞を取る

☐ **take out the garbage**

ごみを出す

☐ **help my mother**

母を手伝う

### ことば解説

have breakfast、have lunch、have dinner の have には「食べる」の意味があります。また、eat［イート］（食べる）を使うこともできます。　例　eat breakfast、eat lunch、eat dinner

### 発音コーチ

newspaper は［ニューズペイパァ］と発音します。最初を強く読むことと、s を［ズ］とにごって読むことに注意しましょう。

# 書いて練習のワーク

☆読みながらなぞって、もう1回書きましょう。

have breakfast

朝食を食べる

watch TV

テレビを見る

walk my dog

イヌを散歩させる

wash the dishes

皿をあらう

help my mother

母を手伝う

聞く
話す
読む
書く

wash the dishes（皿をあらう）の the dishes は食事に使われて、あとであらったりふいたりする必要のある皿のことだよ。また、dish には「食事の一皿、一品」という意味もあるんだ。

95

## 自分の一日の行動の言い方 ③

**目標** 自分の一日の行動[日課]を英語で言えるようになりましょう。

動画

# きほんのワーク

♪ a41

## ① 毎日することの言い方

言えたらチェック ☐☐☐

**I study English every day.**
わたしは毎日、英語を勉強します。

❀ 「わたしは毎日、〜をします」は、I 〜 every day. と言います。

❀ 「〜」の部分に自分の日課を表すことばを入れて言います。

❀ every day は「毎日」という意味です。文の最初に置くこともできます。

🎧 **声に出して言ってみよう**　　☐に入ることばを入れかえて言いましょう。

I [study English] every day.

• watch TV　• walk my dog　• help my mother

📒 **表現べんり帳**

walk には「散歩する」という意味もあります。
例 I walk in the park.
（わたしは公園を散歩します）

## ② 何時に何をするかの言い方

言えたらチェック ☐☐☐

**I get up at 7:00.**
わたしは7時に起きます。

❀ 「わたしは…時に〜します」は、I 〜 at〈時刻〉. と言います。

❀ 時刻は、〈時間〉〈分〉の順序で言います。時刻の言い方は、この本の52ページや56ページでかくにんしておきましょう。

🎧 **声に出して言ってみよう**　　☐に入ることばを入れかえて言いましょう。

I [get up] at [7:00].

• 11:30　• 4:00　• 8:00

• have lunch　• go home　• take a bath

➕ **ちょこっとプラス**

時刻を書き表すとき、数字ではなく英語のつづりで書くことがあります。
例 3:00 → three
　　6:30 → six thirty

**ステップアップ**　「あなたは何時に〜しますか」とたずねるときは、What time do you 〜? を使います。
例 What time do you get up?（あなたは何時に起きますか）

# 書いて練習のワーク

☆ 読みながらなぞって、もう１回書きましょう。

I study English every day.

わたしは毎日、英語を勉強します。

I watch TV every day.

わたしは毎日、テレビを見ます。

I walk my dog every day.

わたしは毎日、イヌを散歩させます。

I get up at 7:00.

わたしは７時に起きます。

I go home at 4:00.

わたしは４時に家に帰ります。

聞く　話す　読む　書く

 英語のトビラ　家に帰ったとき、日本では、「ただいま」と言って、それに対して「お帰りなさい」と返事をするね。英語では、特にこれにあてはまる決まった言い方はないんだよ。

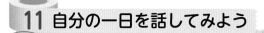

# 聞いて練習のワーク

できた数

／12問中

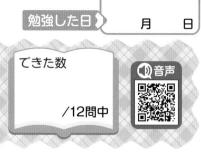

🔊音声

答え 8ページ

**1** 音声を聞いて、英語に合う絵を下から選んで、記号を（　）に書きましょう。

♪t25

(1) (　　　　)　　(2) (　　　　)　　(3) (　　　　)　　(4) (　　　　)

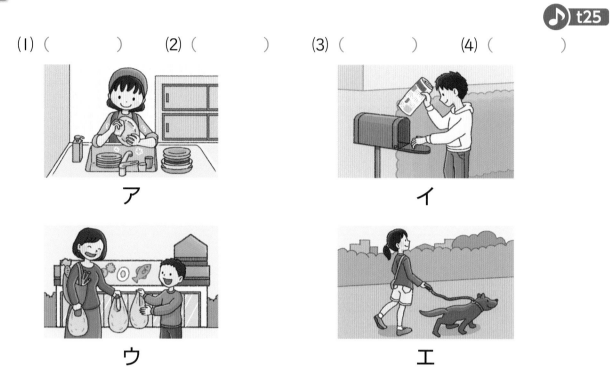

ア

イ

ウ

エ

**2** 音声を聞いて、それぞれの人が何時に何をするかを、表の（　）に書きましょう。時刻は、2時30分や3時のように書きましょう。

♪t26

| | 時　刻 | すること |
|---|---|---|
| (1) Aki | (　　　　　　) | (　　　　　　　　　　　) |
| (2) Kota | (　　　　　　) | (　　　　　　　　　　　) |
| (3) Mami | (　　　　　　) | (　　　　　　　　　　　) |
| (4) Tom | (　　　　　　) | (　　　　　　　　　　　) |

 まとめのテスト

勉強した日 ▶ 月 日

とく点

/50点

時間 20分

答え 9ページ

自分の一日を話してみよう

**1** 英語の意味を表す日本語を ┊┄┄┊ から選んで、（　）に書きましょう。

1つ5点〔20点〕

⑴ have lunch （　　　　　　　）

⑵ brush my teeth （　　　　　　　）

⑶ wash my face （　　　　　　　）

⑷ take out the garbage （　　　　　　　）

┌─────────────────────────────┐
│ 顔をあらう　　ごみを出す　　昼食を食べる │
│ 歯をみがく　　朝食を食べる │
└─────────────────────────────┘

**2** 日本語の意味になるように ┊┄┄┊ から英語を選んで、▭ に書きましょう。

1つ10点〔30点〕

⑴ わたしは7時に起きます。

I _____ up at 7:00.

⑵ わたしは毎日、テレビを見ます。

I _____ TV every day.

⑶ わたしは9時にねます。

I _____ to bed at 9:00.

┌─────────────────────────────┐
│ go　　get　　watch　　take │
└─────────────────────────────┘

# リーディング レッスン

音声

答え 9ページ

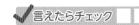音声を聞いて、3回読みましょう。　言えたらチェック □□□　♪ r03

I go home at 4:00 p.m.

I walk my dog every day.

My favorite place is the park.

I have dinner at 7:00 p.m.

I help my mother.  I wash the dishes.

I watch TV every day.

I go to bed at 9:30 p.m.

park：公園

文章の内容について、次の質問に答えましょう。

(1) 女の子が家に帰る時間を下から選び、（　）に記号を書きましょう。

　　ア　午後4時　　イ　午後7時　　ウ　午後9時30分　　（　　　　）

(2) 女の子のお気に入りの場所はどこですか。（　）にその場所を日本語で書きましょう。

　　（　　　　　　　　　　　）

(3) 女の子がお母さんの手伝いですることは何ですか。（　）に日本語で書きましょう。

　　（　　　　　　　　　　　　）こと

☆ 英文をなぞって書きましょう。

I go home at 4:00 p.m.

I walk my dog every day.

My favorite place is the park.

I have dinner at 7:00 p.m.

I help my mother.

I wash the dishes.

I watch TV every day.

I go to bed at 9:30 p.m.

聞く
話す
読む
書く

実力判定テスト　学年末のテスト

時間 30分

名前

とく点

/100点

答え　12ページ

**1** 音声を聞いて答える問題です。それぞれの絵についてア、イ、ウの３つの文が読まれます。絵に合うものを選んで、（　）に記号を書きましょう。

1つ5点〔20点〕

(1)

（　　　）

(2)

（　　　）

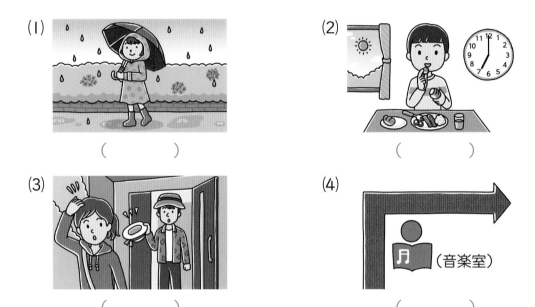

(3)

（　　　）

(4)

（音楽室）

（　　　）

**2** 音声を聞いて答える問題です。リナが自分についてスピーチをします。（　）にあてはまることばや数字を書いて表を完成させましょう。音声は２回流れます。

1つ6点〔36点〕

| 好きな教科 | （　　　　　　　　） |
|---|---|
| 好きな曜日 | （　　　　　　　　） |
| 好きな曜日にすること | （　　　　　　　　） |
| 起きる時間 | 午前（　　　　　　） |
| 毎日すること | （　　　　　　　　） |
| 持っている本の数 | （　　　　）さつ |

**3** 日本語の意味になるように □ から英語を選んで、□ に書きましょう。
文の最初にくることばは大文字ではじめましょう。 1つ6点〔24点〕

(1) 何時ですか。

What _____ is it?

(2) 今日は何曜日ですか。

What _____ is it today?

(3) 天気はどうですか。

_____ the weather?

(4) おにごっこをしましょう。

_____ play tag.

| let's | how's | time | day | do |

**4** 日本語の意味になるように〔 〕内の英語をならべかえて、□ に書きましょう。
文の最初にくることばは大文字ではじめましょう。 1つ10点〔20点〕

(1) あなたは野球が好きですか。

〔 you / baseball / like / do 〕?

(2) あなたはペンを何本持っていますか。

〔 pens / have / how / do / many / you〕?

# ローマ字表

〔ヘボン式〕

| | A | I | U | E | O | | | |
|---|---|---|---|---|---|---|---|---|
| A | a<br>ア | i<br>イ | u<br>ウ | e<br>エ | o<br>オ | | | |
| K | ka<br>カ | ki<br>キ | ku<br>ク | ke<br>ケ | ko<br>コ | kya<br>キャ | kyu<br>キュ | kyo<br>キョ |
| S | sa<br>サ | shi<br>[si]<br>シ | su<br>ス | se<br>セ | so<br>ソ | sha<br>[sya]<br>シャ | shu<br>[syu]<br>シュ | sho<br>[syo]<br>ショ |
| T | ta<br>タ | chi<br>[ti]<br>チ | tsu<br>[tu]<br>ツ | te<br>テ | to<br>ト | cha<br>[tya]<br>チャ | chu<br>[tyu]<br>チュ | cho<br>[tyo]<br>チョ |
| N | na<br>ナ | ni<br>ニ | nu<br>ヌ | ne<br>ネ | no<br>ノ | nya<br>ニャ | nyu<br>ニュ | nyo<br>ニョ |
| H | ha<br>ハ | hi<br>ヒ | fu<br>[hu]<br>フ | he<br>ヘ | ho<br>ホ | hya<br>ヒャ | hyu<br>ヒュ | hyo<br>ヒョ |
| M | ma<br>マ | mi<br>ミ | mu<br>ム | me<br>メ | mo<br>モ | mya<br>ミャ | myu<br>ミュ | myo<br>ミョ |
| Y | ya<br>ヤ | — | yu<br>ユ | — | yo<br>ヨ | | | |
| R | ra<br>ラ | ri<br>リ | ru<br>ル | re<br>レ | ro<br>ロ | rya<br>リャ | ryu<br>リュ | ryo<br>リョ |
| W | wa<br>ワ | — | — | — | (o)<br>(ヲ) | | | |
| N | n<br>ン | | | | | | | |
| G | ga<br>ガ | gi<br>ギ | gu<br>グ | ge<br>ゲ | go<br>ゴ | gya<br>ギャ | gyu<br>ギュ | gyo<br>ギョ |
| Z | za<br>ザ | ji<br>[zi]<br>ジ | zu<br>ズ | ze<br>ゼ | zo<br>ゾ | ja<br>[zya]<br>ジャ | ju<br>[zyu]<br>ジュ | jo<br>[zyo]<br>ジョ |
| D | da<br>ダ | ji<br>[zi]<br>ヂ | zu<br>ヅ | de<br>デ | do<br>ド | | | |
| B | ba<br>バ | bi<br>ビ | bu<br>ブ | be<br>ベ | bo<br>ボ | bya<br>ビャ | byu<br>ビュ | byo<br>ビョ |
| P | pa<br>パ | pi<br>ピ | pu<br>プ | pe<br>ペ | po<br>ポ | pya<br>ピャ | pyu<br>ピュ | pyo<br>ピョ |

# アプリで練習！
# 重要表現 まるっと整理

- この章は、付録のスマートフォンアプリ『文理のはつおん上達アプリ　おん達』を使用して学習します。

アプリアイコン 　ダウンロードはこちらから ▶

- アプリをダウンロードしたら、アクセスコードを入力してご利用ください。

アクセスコード　EJHUZF7a

※アクセスコード入力時から15か月間ご利用になれます。

## アプリの特長

- アプリでお手本を聞いて、自分の英語をふきこむと、AIがさい点します。
- 点数は「流暢度」「発音」「完成度」の３つと、総合点が出ます。
- 会話の役ごとに練習ができます。

## アプリの使い方

❶ホーム画面下の「かいわ」を選びます。
❷学習したいタイトルをおします。

### トレーニング

❶ 🔊 をおしてお手本の音声を聞きます。
❷ 🎤 をおして英語をふきこみます。
❸点数をかくにんします。
- 点数が高くなるように何度もくりかえし練習しましょう。
- 🔄 をおすとふきこんだ音声を聞くことができます。

### チャレンジ

❶カウントダウンのあと会話が始まります。
❷ 🎤 が光ったら英語をふきこみます。
❸ふきこんだら 🎤 をおします。
❹"Role Change!"と出たら役をかわります。

※本サービスは無料ですが、別途各通信会社の通信料がかかります。　※お客様のネット環境および端末によりご利用いただけない場合がございます。ご理解、ご了承いただきますよう、お願いいたします。　※【推奨環境】スマートフォン、タブレット等（iOS11以上 / Android8.0以上）

第 **1** 回

## 天気について
# 重要表現まるっと整理

4-01

🔊 音声

💫 アプリを使って会話の練習をしましょう。80点以上（い じょう）になるように何度も練習しましょう。

**トレーニング**　天気についての表現（ひょうげん）を練習しましょう。＿＿の部分をかえて練習しましょう。

♪ s01

☐① **I'm in Okinawa.**　　　わたしは沖縄（おきなわ）にいます。
　　　・Osaka ・Fukuoka ・Niigata

☐② **How's the weather?**　　天気はどうですか。

☐③ **It's sunny.**　　　　　晴れています。
　　　・rainy ・cloudy ・snowy

☐④ **How about Tokyo?**　　東京はどうですか。
　　　・Sapporo ・Kyoto ・Nagoya

☐⑤ **It's cloudy.**　　　　　くもっています。
　　　・snowy ・sunny ・rainy

集中して
聞こう！

**チャレンジ**　天気についての会話を練習しましょう。

♪ s02

I'm in Okinawa.
It's sunny.
How's the weather?
How about Tokyo?
It's cloudy.

# 第2回

# 遊びについて
# 重要表現まるっと整理

4-02

🔊音声

⭐ アプリを使って会話の練習をしましょう。80点以上になるように何度も練習しましょう。

**トレーニング** 遊びについての表現を練習しましょう。＿＿の部分をかえて練習しましょう。

♪ s03

☐① Let's <u>sing</u>. 　　　　　　歌いましょう。

> ・play tag ・play dodgeball ・play cards

☐② <u>Yes, let's</u>. 　　　　　　はい、そうしましょう。

> ・Sorry. ・Sounds good. ・No, let's not.

☐③ I <u>like singing</u>. 　　　　わたしは歌うことが好きです。

> ・don't like playing tag ・like playing dodgeball ・don't like playing cards

**チャレンジ** 遊びについての会話を練習しましょう。

♪ s04

# 第3回 曜日について 重要表現まるっと整理

4-03

音声

★ アプリを使って会話の練習をしましょう。80点以上になるように何度も練習しましょう。

**トレーニング** 曜日についての表現を練習しましょう。____の部分をかえて練習しましょう。

♪ s05

☐① **What day is it today?** 　　今日は何曜日ですか。

☐② **It's Monday.** 　　月曜日です。

・Tuesday ・Wednesday ・Thursday

まねして
言ってみよう。

☐③ **What day do you like?** 　　あなたは何曜日が好きですか。

☐④ **I like Friday.** 　　わたしは金曜日が好きです。

・Saturday ・Sunday ・Monday

**チャレンジ** 曜日についての会話を練習しましょう。

♪ s06

# 第4回 時刻（じこく）について
# 重要表現まるっと整理

4-04

音声

🟊 アプリを使って会話の練習をしましょう。80点以上（いじょう）になるように何度も練習しましょう。

**トレーニング** 時刻についての表現（ひょうげん）を練習しましょう。＿＿の部分（ぶぶん）をかえて練習しましょう。

♪ s07

□① What time is it?　　　　　何時ですか。

□② It's <u>9 p.m.</u> It's "<u>Bed Time.</u>"　午後9時です。「ねる時間」です。

・7 a.m. ・10 a.m. ・6 a.m.　　　・Breakfast Time ・Study Time ・Wake-up Time

□③ How about you?　　　　　あなたはどうですか。

□④ It's <u>12 p.m.</u> It's "<u>Lunch Time.</u>"　12時です。「昼食の時間」です。

・8 p.m. ・7 p.m. ・3 p.m.　　　・Bath Time ・Dinner Time ・Snack Time

**チャレンジ** 時刻についての会話を練習しましょう。

♪ s08

What time is it?

It's 9 p.m.
It's "Bed Time."

How about you?

It's 12 p.m.
It's "Lunch Time."

第**5**回 持っているものについて
# 重要表現まるっと整理

4-05

🔊音声

⭐ アプリを使って会話の練習をしましょう。80点以上になるように何度も練習しましょう。

**トレーニング** 持っているものについての表現を練習しましょう。＿の部分をかえて練習しましょう。

♪s09

□① Do you have <u>a pen</u>?　　　　　あなたはペンを持っていますか。

   ・an eraser ・a pencil ・an umbrella

□② Yes, I do.　　　　　　　　　　　はい、持っています。

□③ Do you have a <u>notebook</u>?　　あなたはノートを持っていますか。

   ・ruler ・pencil sharpener ・cap

□④ No, I don't.　　　　　　　　　　いいえ、持っていません。

□⑤ I have <u>a textbook</u>.　　　　　わたしは教科書を持っています。

   ・glue ・a pencil case ・a hat

**チャレンジ** 持っているものについての会話を練習しましょう。

♪s10

Do you have a pen?

Yes, I do.

Do you have a notebook?

No, I don't.
I have a textbook.

第**6**回

# ほしいものについて
# 重要表現 まるっと 整理

4-06

お

🔊音声

⭐ アプリを使って会話の練習をしましょう。80点以上になるように何度も練習しましょう。

**トレーニング** ほしいものについての表現を練習しましょう。___の部分をかえて練習しましょう。

♪s11

☐① What do you want?　　　　　あなたは何がほしいですか。

☐② I want <u>tomatoes</u>, please.　　わたしはトマトがほしいです。

　　　　（・onions ・lemons ・strawberries）

☐③ How many?　　　　　　　　いくつですか。

☐④ <u>Two</u>, please.　　　　　　　２つください。

　　　　（・Four ・Three ・Five）

何点とれるかな？

**チャレンジ** ほしいものについての会話を練習しましょう。

♪s12

What do you want?

I want tomatoes, please.

やおやさん

How many?

Two, please.

聞く
話す
読む
書く

第 **7** 回

## お気に入りの場所について
# 重要表現 まるっと 整理

4-07

音声

⭐ アプリを使って会話の練習をしましょう。80点以上になるように何度も練習しましょう。

**トレーニング** お気に入りの場所についての表現を練習しましょう。___の部分をかえて練習しましょう。

♪ s13

□① What's your favorite place?

あなたのお気に入りの場所は何ですか。

□② My favorite place is the gym.

・music room　・library　・computer room

わたしのお気に入りの場所は体育館です。

□③ Go straight and turn left.

・Turn left and go straight.　・Turn right and go straight.　・Go straight and turn right.

まっすぐに行って、左に曲がってください。

□④ You can find my favorite place soon.

すぐにわたしのお気に入りの場所を見つけられます。

**チャレンジ** お気に入りの場所についての会話を練習しましょう。

♪ s14

What's your favorite place?

My favorite place is the gym.

Go straight and turn left.
You can find my favorite place soon.

# 4年

## 実力アップ
# 英語
# 練習ノート

## ふろく英語カードの練習ができる！

| 年 | 組 | 名前 |
|---|---|---|
|  |  |  |

# 1 天気 ①

## 🍀 読みながらなぞって、もう1回書きましょう。

①

sunny
晴れている

sunny

------ a ではなく u だよ。

sunny

②

rainy
雨がふっている

rainy

rainy

③

cloudy
くもった

cloudy

------ a ではなく o だよ。

cloudy

④

snowy
雪がふっている

snowy

snowy

⑤

hot
暑い

hot

hot

## 2 天気 ②／着る物 ①

✿ 読みながらなぞって、もう1回書きましょう。

⑥
cold
寒い

cold

cold

⑦
weather
天気

weather
`------ a をわすれずに！`

weather

⑧
shirt
シャツ

shirt

shirt

⑨
T-shirt
T シャツ

T-shirt

T-shirt

⑩
sweater
セーター

sweater
`------ a ではなく e だよ。`

sweater

# 3 着る物 ②

💠 **読みながらなぞって、もう1回書きましょう。**

⑪

pants
ズボン

pants
s で終わるよ。

pants

⑫

skirt
スカート

skirt

skirt

⑬

shoes
くつ

shoes
u ではなく o だよ。

shoes

⑭

boots
ブーツ

boots
o を2つ重ねるよ。

boots

⑮

hat
（ふちのある）ぼうし

hat

hat

# 4 着る物 ③ / 色 ①

**読みながらなぞって、もう1回書きましょう。**

⑯

cap
（ふちのない）ぼうし

cap

cap

⑰

color
色

color
------ a ではなく o だよ。

color

⑱

orange
だいだい

orange
------ e ではなく a だよ。

orange

⑲

purple
むらさき

purple

purple

⑳

brown
茶

brown
------ l ではなく r だよ。

brown

# 5　色 ② / 身の回りの物 ①

🐦 読みながらなぞって、もう1回書きましょう。

㉑

black
黒

black

------ c をわすれずに！

black

㉒ white

white
白

------ w で書き始めるよ。

white

㉓

ruler

ruler
定規

ruler

㉔ glue

glue
のり

glue

㉕

scissors

scissors
はさみ

------ s を2つ重ねるよ。

scissors

# 6 身の回りの物 ② / 果物・野菜 ①

❀ 読みながらなぞって、もう1回書きましょう。

㉖

crayon

crayon
------ e ではなく a だよ。

crayon

crayon
クレヨン

㉗

marker

marker

marker
マーカー

㉘

watch

watch

watch
うで時計

㉙

cup

cup

cup
カップ

㉚

fruit

fruit
------ i をわすれずに！

fruit

fruit
果物

# 7 果物・野菜 ②
くだもの・やさい

## 読みながらなぞって、もう1回書きましょう。

③①

**pineapple**
パイナップル

pineapple

⌐---- a ではなく i だよ。

③②
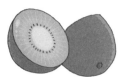
**watermelon**
スイカ

watermelon

③③
**kiwi fruit**
キウイフルーツ

kiwi fruit

③④

**vegetable**
野菜

vegetable

⌐---- i ではなく e だよ。

③⑤

**cabbage**
キャベツ

cabbage

⌐---- b を2つ重ねるよ。

# 8 果物・野菜 ③
くだもの　やさい

📖 読みながらなぞって、もう1回書きましょう。

㊱

lettuce

lettuce
レタス

lettuce

------ t を2つ重ねるよ。

lettuce

㊲

eggplant

eggplant
ナス

㊳

green pepper

green pepper
ピーマン

㊴

cucumber

------ n ではなく m だよ。

cucumber
キュウリ

㊵

mushroom

------ o を2つ重ねるよ。

mushroom
キノコ

# 9 食べ物・飲み物 ①

## 読みながらなぞって、もう1回書きましょう。

㊶

hamburger

ハンバーガー

hamburger

a ではなく e だよ。

㊷

pizza

ピザ

pizza

pizza

㊸

sandwich

サンドイッチ

sandwich

㊹

pie

パイ

pie

e で終わるよ。

pie

㊺

soup

スープ

soup

soup

# 10 食べ物・飲み物 ②

## 📘 読みながらなぞって、もう1回書きましょう。

㊻

egg
たまご

egg

↑------ gを2つ重ねるよ。

egg

㊼

fish
魚

fish

fish

㊽

sausage
ソーセージ

sausage

↑------ oではなくaだよ。

sausage

㊾

milk
ぎゅうにゅう
牛乳

milk

milk

㊿

coffee
コーヒー

coffee

↑------ fとeを2つずつ重ねるよ。

coffee

# 11 動物 ①

## 読みながらなぞって、もう1回書きましょう。

(51)

bear
クマ

bear
bear

(52)

lion
ライオン

lion
rではなくlだよ。
lion

(53)

pig
ブタ

pig
pig

(54)

elephant
ゾウ

elephant

(55)

gorilla
ゴリラ

gorilla
lを2つ重ねるよ。
gorilla

# 12 動物 ② / 人 ①

## 📛 読みながらなぞって、もう1回書きましょう。

㊶
panda
パンダ

panda

panda

㊷
fox
キツネ

fox

┈┈ x で終わるよ。

fox

㊸ animal
動物

animal

animal

㊹
boy
男の子

boy

boy

㊺
girl
女の子

girl
┈┈ a ではなく i だよ。

girl

# 13 人 ② / 体 ①

❖ 読みながらなぞって、もう１回書きましょう。

⑥
man
だんせい
男性

man

man

⑥
woman
じょせい
女性

woman

woman

⑥
friend
ともだち
友達

friend

‑‑‑‑‑ i をわすれずに！

friend

⑥
baby
赤ちゃん

baby

baby

⑥
head
頭

head

head

# 14 体 ②

**読みながらなぞって、もう1回書きましょう。**

⑥⑥
eye
目

eye

┄┄┄ e で書き始めるよ。

eye

⑥⑦
ear
耳

ear

ear

⑥⑧
nose
鼻

nose

nose

⑥⑨
mouth
口

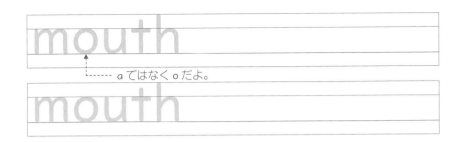
mouth

┄┄┄ a ではなく o だよ。

mouth

⑦⓪
face
顔

face

┄┄┄ s ではなく c だよ。

face

# 15 体 ③

🌸 **読みながらなぞって、もう1回書きましょう。**

⑦1

hand
手

hand

hand

⑦2

finger
（手の）指

finger

------- a ではなく e だよ。

finger

⑦3

leg
あし

leg

leg

⑦4

foot
足

foot

------- o を2つ重ねるよ。

foot

⑦5

toe
つま先、足の指

toe

toe